Terapia Comportamentale Cognitiva in italiano/ Cognitive Behavioral Therapy in Italian

Come Superare Ansia, Preoccupazione, Paura, e Depressione

Christopher Rothchester

I materiali che compongono l'opera letteraria qui presentata sono stati prodotti a scopo di intrattenimento e informativo. I creatori dei contenuti hanno compiuto ogni sforzo possibile per garantirne l'accuratezza e la veridicità. Ciononostante, i creatori dei contenuti non pretendono di essere esperti in materia né di avere una validità indiscutibile. Di conseguenza, i lettori devono condurre ricerche per verificare l'accuratezza dei contenuti e richiedere i consigli professionali che ritengono opportuni.

Le informazioni, le descrizioni, gli eventi o qualsiasi altro dato contenuto in questa opera letteraria sono stati ritenuti veritieri e corretti. Tuttavia, i resoconti contenuti in quest'opera letteraria non sono ritenuti veri nel caso di un'opera letteraria di finzione. Pertanto, il creatore(i) e l'editore sono esenti da qualsiasi responsabilità per azioni derivanti dall'iniziativa del lettore. Consigli, raccomandazioni, suggerimenti o tecniche non devono essere interpretati come consulenza professionale. Il lettore deve richiedere una consulenza professionale adeguata prima di mettere in pratica qualsiasi informazione contenuta.

Sommario

Introduzione

Congratulazioni per aver acquistato Terapia cognitivo-comportamentale: come superare ansia, preoccupazione, paura e depressione e grazie per averlo fatto.

A tutti noi è capitato di avere il cuore in fibrillazione prima di un colloquio di lavoro o quando ci viene chiesto di tenere un discorso davanti ad altri. Tendiamo a preoccuparci per questioni finanziarie e familiari o a sentirci nervosi quando ci incontriamo per la prima volta con una persona. Quando le paure e le preoccupazioni impediscono di vivere una vita normale, è molto probabile che si soffra di un disturbo d'ansia. L'obiettivo di questo libro è quello di fornire semplici tecniche per affrontare la paura, la depressione, le preoccupazioni e l'ansia. Parleremo anche della terapia cognitivo-comportamentale o CBT.

La CBT tende a concentrarsi sui pensieri e sulle modifiche del comportamento. Può aiutare a determinare gli schemi di pensiero negativo e le convinzioni irrazionali che alimentano gli attacchi di panico e di ansia. Superare l'ansia dopo che si è rivelata un grosso problema nella vita può sembrare sconvolgente e confuso. Ma non c'è da preoccuparsi perché i disturbi d'ansia sono curabili, soprattutto con l'aiuto della CBT. Tutto quello che bisogna fare è mantenere la calma e seguire i passaggi per ottenere i risultati finali in breve tempo.

Ci sono moltissimi libri su questo argomento sul mercato; grazie ancora per aver scelto questo! È stato fatto ogni sforzo possibile per garantire che fosse pieno di tante informazioni utili; buona lettura!

Capitolo 1: Cause della Depressione

Hai mai pensato a cosa porta alla depressione? Potrebbe darsi che ti sia stata diagnosticata una depressione cronica e questo ti porti a chiederti perché alcuni individui si deprimono e altri no. La depressione può essere considerata una malattia complessa. Nessuno conosce l'esatto motivo o la causa dietro questa condizione. Tuttavia, si ritiene che la depressione possa derivare da varie fonti. Ci sono persone che si deprimono al momento di una malattia medica cronica. Altre persone tendono a soffrire di depressione in seguito a cambiamenti nella loro vita, come la morte di una persona cara.

La depressione è spesso considerata uno dei problemi di salute mentale più comuni negli Stati Uniti. Si può dire che la depressione può colpire chiunque a qualsiasi età. Alcune delle potenziali cause della depressione includono la chimica cerebrale, la genetica, le condizioni mediche, gli eventi della vita e lo stile di vita adottato. È stato riscontrato che circa il 10% - 15% della popolazione, in generale, soffrirà di depressione nel corso della propria vita. Secondo l'OMS, ogni anno circa il 5% degli uomini e l'8% delle donne soffrono di depressione.

Cause primarie della depressione

Ci sono varie cose che possono effettivamente aumentare le probabilità complessive di sviluppare la depressione, tra cui:

- Età: le persone anziane corrono sempre un rischio maggiore di deprimersi. La condizione potrebbe peggiorare a causa di altri fattori, come la mancanza di supporto sociale e la vita solitaria.

- Abuso: l'abuso sessuale, emotivo o fisico può rendere chiunque più vulnerabile alla depressione.
- Farmaci: esistono alcuni farmaci, come i corticosteroidi, l'isotretinoina e l'interferone alfa, che possono aumentare il rischio di depressione.
- Genere: è stato scoperto che le donne hanno il doppio delle probabilità rispetto agli uomini di soffrire di depressione. La ragione esatta di ciò non è ancora nota. Le alterazioni ormonali che le donne attraversano nelle varie fasi della vita potrebbero avere un ruolo in questo.
- Una perdita o una morte: il dolore o la tristezza dopo la perdita o la morte di una persona cara possono facilmente aumentare il rischio di depressione.
- Conflitto: le persone che affrontano conflitti personali o controversie familiari potrebbero deprimersi facilmente.
- - Geni: Una storia familiare di depressione può aumentare il rischio complessivo. La depressione è considerata un tratto complicato. In parole povere, potrebbero esserci vari tipi di geni che esercitano ciascuno effetti minimi, invece di un singolo gene che porta al rischio del problema. La genetica alla base della depressione, come di altri problemi psichiatrici, non è così semplice e lineare come quella di problemi genetici puri quali la fibrosi cistica o la corea di Huntington.
- Problemi personali: problemi come l'isolamento sociale a causa di qualsiasi altro problema di salute mentale o l'esclusione da un gruppo sociale o da una famiglia potrebbero contribuire al rischio di depressione.
- Eventi importanti: anche eventi piacevoli come iniziare un nuovo lavoro, sposarsi o laurearsi possono provocare depressione. Lo stesso potrebbe essere il risultato della perdita del lavoro, del pensionamento o del divorzio. Ma

la sindrome depressiva non è mai una risposta casuale a eventi stressanti.

- Abuso di sostanze: circa il 35% delle persone con problemi di abuso di sostanze soffre di depressione cronica. Anche quando l'alcol o le droghe possono farti sentire meglio temporaneamente, finiranno per aggravare la depressione.

Depressione e Biologia

Vari studi hanno rilevato le principali differenze nel cervello delle persone depresse rispetto a tutti coloro che non sono depressi. Ad esempio, una piccola parte del cervello responsabile dell'immagazzinamento dei ricordi, l'ippocampo, sembra essere molto più piccola nelle persone depresse rispetto a quelle che non sono mai state depresse. Un ippocampo più piccolo indica la presenza di meno recettori della serotonina. La serotonina è una sostanza chimica del cervello che consente la comunicazione attraverso i circuiti che collegano le regioni del cervello legate all'elaborazione delle emozioni.

Gli scienziati non sono ancora sicuri del motivo per cui l'ippocampo potrebbe essere più piccolo in alcune persone depresse. Alcuni studi hanno scoperto che il cortisolo, l'ormone dello stress, viene prodotto in eccesso nelle persone che soffrono di depressione. Si ritiene che il cortisolo possa avere un effetto restringente sull'ippocampo. Inoltre, ci sono esperti che credono che le persone depresse nascano con un ippocampo più piccolo. Quindi sono più inclini a deprimersi.

Una cosa è certa: la depressione è un problema complicato che presenta vari tipi di fattori scatenanti. Alcuni degli studi più recenti sulla struttura del cervello suggeriscono che gli antidepressivi potrebbero esercitare effetti neurotrofici. In termini semplici, possono aiutare a sostenere le cellule nervose, impedire loro di morire e consentire loro di sviluppare connessioni più forti in grado di resistere allo stress.

Genetica e Storia Familiare

Avere una storia familiare di depressione ha maggiori probabilità di aumentare il rischio di sviluppare la depressione. Avrai maggiori probabilità di manifestare sintomi depressivi quando qualcun altro in famiglia soffre di disturbi dell'umore o depressione. È stato scoperto che circa il 40% della depressione può essere determinata dalla genetica. Gli studi sull'adozione, sulla famiglia e sui gemelli hanno messo in relazione la genetica e la depressione. Sebbene esistano vari studi che suggeriscono una forte componente genetica, gli scienziati non sono ancora sicuri su tutti i tipi di fattori di rischio genetici per la depressione. È stato scoperto che avere un nonno o un genitore affetto da depressione può raddoppiare il rischio di soffrire della condizione.

Non è ancora certo quali siano i geni specifici che causano la depressione, ma è certo che ci sono vari tipi di geni in gioco. Comprendendo come funzionano, i ricercatori sperano di creare opzioni terapeutiche migliori. È necessario tenere presente che nessuna causa agisce da sola.

Cause del Corpo e del Cervello della Depressione

Ci sono alcune cause di depressione legate al corpo e al cervello. Possono aumentare la possibilità di sviluppare la depressione.

Squilibri della Chimica del Cervello

Una delle principali cause biologiche della depressione è uno squilibrio dei neurotrasmettitori che svolgono il ruolo di regolazione dell'umore. Alcuni neurotrasmettitori, come la serotonina, la noradrenalina e la dopamina, svolgono un ruolo essenziale nella regolazione dell'umore. I neurotrasmettitori non sono altro che sostanze chimiche che aiutano le varie aree cerebrali a comunicare tra loro. Quando c'è una carenza di alcuni neurotrasmettitori, possono verificarsi sintomi che vengono considerati depressione. Questa teoria della depressione suggerisce che un eccesso o un difetto di neurotrasmettitori può contribuire alla depressione.

I farmaci destinati al trattamento della depressione spesso si concentrano sul cambiamento dei livelli di alcune sostanze chimiche del cervello. Alcuni dei trattamenti includono inibitori della ricaptazione della serotonina-norepinefrina, inibitori selettivi della ricaptazione della serotonina, antidepressivi triciclici e inibitori delle monoaminossidasi.

Condizioni di Salute Medica e Fisica

Avrai maggiori probabilità di manifestare sintomi depressivi quando soffri di un problema cronico, di una condizione della tiroide o di disturbi del sonno. Inoltre, i tassi di depressione tendono ad essere molto maggiori nelle persone che soffrono di diabete, dolore cronico, cancro e sclerosi multipla. Sappiamo tutti che il corpo e la mente sono collegati. Quando riscontri qualsiasi tipo di problema di salute fisica, è molto probabile che riscontri anche alterazioni nella tua salute mentale. La malattia è collegata alla depressione in due modi specifici. Lo stress di sviluppare o avere una malattia grave potrebbe scatenare una depressione maggiore. Inoltre, alcune malattie, come il morbo di Addison, i disturbi della tiroide e le malattie del fegato, possono portare a sintomi di depressione.

Ormoni Sessuali Femminili

È già stato detto che le donne soffrono di depressione due volte più spesso degli uomini. Dato che l'incidenza del disturbo depressivo raggiunge il picco durante l'età riproduttiva nelle donne, è certo che potrebbero essere in gioco fattori di rischio ormonali. Le donne sono più inclini alla depressione nei momenti in cui i loro ormoni non sono normali, come nel periodo della gravidanza, del periodo mestruale, della perimenopausa e del parto. Si ritiene che il rischio complessivo di depressione tenda a diminuire dopo la menopausa.

Le fluttuazioni degli ormoni derivanti dalle condizioni della tiroide e dal parto potrebbero svolgere un ruolo importante nell'insorgenza dei sintomi depressivi. La depressione postpartum potrebbe verificarsi subito dopo il parto. Si ritiene che sia il risultato di rapide alterazioni ormonali che si verificano dopo il parto.

Cause Derivanti dallo Stile di Vita

Esistono vari tipi di fattori legati allo stile di vita che potrebbero svolgere un ruolo nel portare alla depressione. Mentre la maggior parte dei fattori di rischio per la depressione, come la storia familiare o il genere, non possono essere modificati, le persone possono avere un maggiore controllo su tutti i tipi di fattori legati allo stile di vita.

Ritmo Circadiano

È stato scoperto che un tipo di depressione noto come disturbo affettivo stagionale è causato da un disturbo nel ritmo circadiano del corpo. La luce che entra nell'occhio influenza questo ritmo. Durante le giornate invernali più brevi, quando le persone trascorrono meno tempo all'aria aperta, il ritmo potrebbe essere interrotto. Si può quindi affermare che le persone che vivono in zone più fredde, dove le giornate sono buie e brevi, corrono un rischio maggiore. Insieme alle interruzioni del ritmo circadiano, la ridotta luce solare potrebbe comportare un calo dei livelli di serotonina. Quest'ultima può influenzare il tuo umore. Le alterazioni stagionali possono anche modificare i livelli di melatonina nel corpo, il che può portare a cambiamenti di umore e interrompere il ritmo del sonno.

Anche se non è possibile controllare i cambiamenti stagionali, ci sono alcune cose che puoi fare per minimizzare gli effetti di tali cambiamenti. Trascorrere più tempo all'aria aperta, terapia della luce, esercizio fisico regolare e una dieta sana possono aiutare ad affrontare la depressione stagionale.

Fatica

Anche gli eventi stressanti della vita, che tendono a sopraffare la capacità di una persona di farvi fronte, potrebbero portare alla depressione. I ricercatori ritengono che gli alti livelli di cortisolo, secreti durante lo stress, potrebbero influenzare i livelli di serotonina.

Cattiva alimentazione

Una dieta povera può portare alla depressione in vari modi. Esistono tipi di carenze di minerali e vitamine che sono ben noti per essere responsabili di sintomi legati alla depressione. Inoltre, le diete ricche di zuccheri sono state collegate alla depressione.

Perdita e dolore

La perdita di una persona cara può portare alla depressione ed è una delle cause più comuni. Scarso appetito, disturbi del sonno e perdita di interesse o piacere nelle attività sono risposte comuni alla perdita. Si prevede che i sintomi del dolore si riducano con il tempo. Tuttavia, quando i sintomi peggiorano, il dolore può facilmente assumere la forma di depressione.

Uso di sostanze

L'uso di alcol e droghe può portare a disturbi depressivi. Difatti, alcuni farmaci da prescrizione sono stati collegati alla depressione. Alcuni tipi di farmaci che sono stati associati alla depressione sono statine, anticonvulsivanti, benzodiazepine, stimolanti e beta-bloccanti. È necessario far rivedere eventuali farmaci che ti sono stati prescritti e contattare il tuo medico se ti senti depresso.

Le cause della depressione possono agire in concomitanza. In termini semplici, potresti trovarti ad affrontare più problemi in contemporanea. Cerca di prestare attenzione alla tua vita e anche alle tue abitudini per scoprire la probabile causa. Se non riesci a risolvere la situazione da solo, è meglio contattare il tuo medico o un professionista della salute mentale per ottenere un aiuto rapido.

Capitolo 2: Azioni, Pensieri e Sentimenti Sono Legati

Ti sei mai arrabbiato? Prova a risalire con la mente al momento in cui hai provato rabbia. In un momento di rabbia, probabilmente non pensi in modo critico a come hai raggiunto il sentimento di rabbia. Puoi solo capire l'evento che ha dato origine alla tua rabbia. Esiste una relazione ben definita tra azioni, pensieri e sentimenti. Prova a pensare di recarti in banca dieci minuti prima della chiusura. È certo che i tuoi esempi personali cominciano ad affiorare. Fai una lunga fila e finalmente arrivi allo sportello. Mentre parli con l'impiegato della banca, quest'ultimo fa scivolare sul bancone un foglio con scritto che la banca è chiusa. Tuttavia, a te sembra che sia stato fatto in modo poco professionale e brusco. Questo è il tuo stato d'animo. Di conseguenza, inizi a urlare contro la persona dietro lo sportello. Questa è la tua azione.

Come esseri umani, tutti noi siamo cablati con sentimenti e pensieri. Avere un'idea dei propri sentimenti e pensieri può essere considerata la chiave per gestire la salute mentale. L'entità e la quantità dei sentimenti e dei pensieri che provi possono renderti difficile capire come possano influenzare la tua vita quotidiana. Per elaborare e comprendere meglio i propri sentimenti e pensieri, è necessario essere consapevoli di cosa sono e cosa non sono. Inoltre, dovrai capire come variano l'uno dall'altro. Sentimenti e pensieri sono ben collegati tra loro. Tuttavia sono due cose diverse.

Sentimenti e Pensieri

Sentimenti e pensieri tendono ad avere un'influenza eccessiva sulla nostra vita quotidiana. Inoltre, sono ciò che ci aiuta a dare un senso a ciò che ci circonda e a collegarci al mondo. Essere in grado di riconoscere le differenze tra sentimenti e pensieri può aiutarti a elaborarli. Ma potrebbe volerci un po' di tempo e impegno per capire cos'è un pensiero e cos'è un sentimento. È necessario tenere presente che abbiamo sia sentimenti che pensieri. Anche se potrebbe essere una tentazione ignorare i tuoi pensieri o allontanare ciò che provi perché li trovi difficili da affrontare, rischi di optare per decisioni che portano a risultati indesiderati. Tali scelte possono ulteriormente portare a sentimenti e/o pensieri più difficili.

Ad esempio, se qualcuno che ami fa qualcosa che ti fa arrabbiare, potresti non voler provare quella rabbia. È perché la rabbia è dolorosa e non è affatto allineata con l'amore che provi per quella persona. È molto probabile che tu ti senta in conflitto perché sei arrabbiato. Quindi, deciderai di ignorare del tutto i sentimenti invece di cercare di affrontarli. Ma potresti non renderti conto che reprimere tutti questi sentimenti potrebbe portare a sentimenti più negativi, facendoti sentire peggio. Ora, ti muoverai con un sacco di rabbia nei confronti della persona derivante dall'esperienza reale, mescolata a sentimenti più negativi derivanti dall'evitare i sentimenti reali. Finisci per interagire con il mondo esterno con tali sentimenti sotto la superficie. Corri il rischio che si indirizzino alla persona sbagliata nel momento sbagliato.

Si può affermare che quando si cerca di respingere i propri sentimenti o pensieri e di ignorarli, si finisce per affrontarli in altri modi. Per esempio, provando disprezzo o rabbia, si tende a spegnere la comprensione e l'autoconsapevolezza. Riuscire a comprendere le differenze e il modo in cui funzionano insieme ti permetterà di vedere cosa succede quando le metti in atto.

Pensieri

Nella connessione tra sentimenti, pensieri e azioni, i pensieri agiscono come il centro di controllo. Tutti i tipi di discorsi motivazionali tendono ad affrontare i pensieri e il modo in cui pensiamo. È perché gli oratori motivazionali sono consapevoli del potere della mente e dei tuoi pensieri. Il modo in cui pensi viene influenzato da vari tipi di fattori. La cultura nazionale, la cultura familiare, le esperienze di vita e l'istruzione sono alcuni esempi di tali fattori. Quindi, diamo un'occhiata allo scenario sopra nell'introduzione. Quali potrebbero essere alcuni dei pensieri che potresti avere a riguardo? "L'uomo dietro il bancone è così scortese e non ha buone maniere nel servire i clienti!" Oppure: "Si stanno muovendo velocemente in modo che io possa finire velocemente, ma quello è il modo sbagliato di fare le cose". Oppure: "È stata una giornata lunga e anche loro sono stanchi. Sono sicuro che non si sono resi conto di averlo fatto.

Sentimenti

Nella connessione tra i tuoi pensieri, sentimenti e azioni, il sentimento è qualcosa che viene sperimentato in maniera più forte. Molto spesso, lasci che le tue emozioni o sentimenti guidino le cose che fai. Potrebbe essere una cosa pericolosa, soprattutto quando provi sentimenti forti, nonostante il tipo di emozione di cui si tratta. Quindi, tenendo presente il nostro esempio, puoi sicuramente immaginare il tipo di emozioni che potrebbero derivare dai pensieri sopra menzionati. Il primo pensiero potrebbe provocare sentimenti di diritto, frustrazione e rabbia. La seconda potrebbe portare ad una combinazione di soddisfazione e irritazione. L'ultimo pensiero potrebbe provocare sentimenti di premurosità ed empatia.

Azioni

L'ultima delle tre è la più ovvia: le azioni. In realtà è la parte del processo che viene vista dagli altri. Sai qual è la cosa più interessante delle azioni? Non si allineano sempre con i tuoi pensieri. Beh, non è una brutta cosa. Pensa a sentirti così bene e felice dopo essere stato promosso da voler abbracciare forte il tuo senior. A meno che l'anziano non sia un tuo genitore, non lo farai, vero? La risposta è no. Quindi, prendendo in considerazione il nostro esempio, il sentimento e il pensiero potrebbero farti strappare via il cartello e persino urlare contro l'impiegato della banca. Il secondo sentimento e pensiero potrebbero portarti ad avere freddo e a non prestare attenzione a quello che è successo. Oppure potresti anche finire per dare qualche consiglio se ti senti paziente. Il terzo sentimento e pensiero potrebbe farti mantenere la calma, sorridere al dipendente e persino dire: "Devi essere molto stanco. Ho visto la lunga fila che hai appena servito. La giornata è finita adesso.

Quindi, le azioni o i comportamenti sono i modi in cui tendiamo a presentarci di fronte agli altri. Il comportamento da parte tua riflette il modo in cui ti senti dentro. Quindi, per le persone che potrebbero trovarlo difficile o preferiscono non condividere i propri sentimenti e pensieri, puoi sempre considerare il loro comportamento come un indizio. Alterazioni nelle azioni o nei comportamenti sono segnali che un individuo potrebbe avere a che fare con un problema di salute mentale. Nel caso in cui temi che tu o qualcun altro che conosci stiate lottando e troviate difficile discutere sentimenti o pensieri personali, prova a confrontare azioni o comportamenti prima e dopo lo stress. Maggiore è la differenza di comportamento, maggiore è la lotta.

La connessione

I nostri pensieri creano i nostri sentimenti. I nostri sentimenti danno origine ai nostri comportamenti. Qui c'è un semplice esempio. Se ti piace stare all'aria aperta vicino all'acqua e ami nuotare, il pensiero di andare in piscina può farti sentire felice. Tali sentimenti e pensieri ti faranno pianificare attività che contengono il nuoto. Ma quando il pensiero di essere vicino all'acqua spaventa un amico, eviterà di nuotare. È la stessa esperienza vissuta in modo diverso da due persone. Porta a emozioni diverse, che si traducono in diversi tipi di comportamenti. Nessuna delle due persone ha ragione o torto. Ha solo idee diverse su cosa sia o meno il divertimento.

Quando ti ritrovi a prendere ripetutamente la stessa decisione, prova a prenderti del tempo e a mettere in discussione ciò che provi. Dovrai capire l'emozione. Se ti senti arrabbiato, prova a rallentare e a concentrarti su ciò che stai dicendo a te stesso. Cos'è il dialogo interiore? Cosa pensi di tutte quelle persone nella situazione? Quali sono i tuoi valori? Quali sono le tue convinzioni? Man mano che riconosci i tuoi pensieri, puoi sempre determinare se sono realistici o meno. Potrebbe darsi che i tuoi pensieri siano offuscati o esagerati da vecchie esperienze. Dovrai provare a cambiare il tuo pensiero per far sì che sia più basato sull'evidenza e più obiettivo. È molto probabile che quando i tuoi pensieri cambiano anche solo leggermente, ciò possa avere un impatto sulle tue emozioni. L'impatto potrebbe essere quello di ridurre l'intensità emotiva. Per alcuni individui, un tale cambiamento potrebbe essere sufficiente ad avere un impatto su tutte le scelte che fanno.

Abbiamo tutti sentito dire che la follia significa provare a fare ripetutamente la stessa cosa aspettandosi risultati diversi. Bene, follia potrebbe non essere la parola più azzeccata. Tuttavia, è evidente che mantenere un certo comportamento continuamente e aspettarsi un risultato diverso si tradurrà sicuramente in infelicità e frustrazione. Dovrai sfidare te stesso per essere più consapevole di tutto ciò che dici a te stesso. Scoprirai di possedere il potere di modificare un comportamento semplicemente modificando tutto ciò che pensi.

Capitolo 3: Superare gli Attacchi di Panico e le Preoccupazioni

Gli attacchi di panico sono per lo più improvvisi e travolgenti. Essere consapevoli di cosa fare quando si presentano può aiutare a ridurne la gravità o addirittura a fermarli. Gli attacchi di panico sono abbastanza comuni. È stato riscontrato che circa il 13% delle persone ne fa esperienza una volta nella vita. Non è sempre possibile prevedere quando si manifesterà un attacco di panico. Tuttavia, essere in grado di pianificare cosa fare quando si verificano può aiutarti a mantenere il controllo e rendere le situazioni più facili da gestire.

Gli attacchi di panico possono portare a vari sintomi emotivi e fisici. Alcuni dei sintomi fisici più comuni includono respiro accelerato, sudorazione e battito cardiaco accelerato. I sintomi emotivi includono preoccupazioni ripetitive, sentimenti di ansia e paura e sensazione di rovina imminente.

Affrontare gli Attacchi di Panico

Ecco alcuni dei modi in cui puoi prenderti cura degli attacchi di panico.

Tenere a Mente che Passerà

Al momento di un attacco di panico, può essere utile ricordare che tutte quelle sensazioni passeranno e non porteranno ad alcun tipo di danno fisico. Non importa quanto possa sembrare spaventoso in questo momento. Cerca di riconoscere che si tratta di un breve periodo di ansia e che presto finirà. In generale, gli attacchi di panico tendono a raggiungere il picco entro dieci minuti dall'esordio. Dopodiché i sintomi si attenueranno lentamente.

Odorare la Lavanda

Sai che un profumo rilassante può aiutarti ad alleviare l'ansia toccando i tuoi sensi e aiutandoti a rimanere con i piedi per terra? Qualsiasi tipo di profumo rilassante può fornirti qualcosa su cui concentrarti. La lavanda è il rimedio più comune per indurre un senso di relax. È stato scoperto che la lavanda può aiutare a gestire l'ansia. Prova a tenere un po' di olio di lavanda sotto il naso e inalarne delicatamente l'odore. Se non ti piace l'odore della lavanda puoi sostituirla con qualche altro olio essenziale.

Fare Respiri Profondi

La respirazione profonda può essere molto efficace per ottenere il controllo su un attacco di panico. Gli attacchi di panico possono portare a costrizione toracica e respirazione rapida che può rendere il respiro superficiale. Tale respirazione può peggiorare ulteriormente la tensione e l'ansia. Prova a respirare profondamente e lentamente. Cerca di concentrarti su ogni respiro. Dovrai respirare profondamente dall'addome mentre riempi lentamente i polmoni. Conta fino a quattro mentre inspiri ed espiri.

Trova un Posto Tranquillo

Suoni e immagini potrebbero finire per intensificare un attacco di panico. Quindi, se puoi, trova un posto tranquillo. Lascia una stanza caotica o appoggiati a un muro vicino. Sedersi in un posto tranquillo può aiutare a creare spazio mentale. Inoltre, ti sarà più facile concentrarti sulla respirazione.

Il Metodo 5-4-3-2-1

Potresti non esserne consapevole, ma gli attacchi di panico sono abbastanza potenti da staccare una persona dalla realtà. Ciò è dovuto al fatto che l'intensità dell'ansia può finire per sopraffare gli altri sensi. Il metodo 5-4-3-2-1 è una tecnica di radicamento. Può aiutare a radicare l'attenzione di una persona lontano dalle fonti di stress. Per utilizzare questo metodo, dovrai completare tutti i passaggi lentamente.

- Osserva cinque oggetti: prova a pensare a ciascun oggetto per un po' di tempo.
- Ascolta quattro suoni: prova a pensare da dove provengono e cosa li rende diversi.
- Tocca tre oggetti: prova a considerare la temperatura, la consistenza e l'utilizzo.
- Identifica due odori: potrebbe essere l'odore del sapone, del caffè o del detersivo per il bucato.
- Nomina una cosa che puoi assaggiare: prova a notare il sapore presente nella tua bocca o assaggia una caramella.

Concentrarsi su un Oggetto

Quando sei sopraffatto da sentimenti, pensieri o ricordi angoscianti, concentrarti su qualcosa di fisico intorno a te può aiutarti a sentirti con i piedi per terra. Concentrarsi su uno stimolo può aiutare a ridurre gli altri stimoli. Mentre guardi un oggetto, potresti pensare a come ci si sente, chi lo ha realizzato, che forma ha e così via. Tale tecnica può aiutare a ridurre i sintomi dell'attacco di panico. Nel caso in cui si verifichino attacchi di panico ricorrenti, è possibile portare con sé un oggetto particolare in modo da rimanere con i piedi per terra. Potrebbe essere una conchiglia, una pietra, un piccolo giocattolo, ecc.

Ripetere un Mantra

Un mantra è come un suono, una frase o una parola che può

aiutare a sviluppare la concentrazione e dona forza. Ripetere un mantra internamente può aiutarti a uscire da un attacco di panico. Il mantra può agire sotto forma di rassicurazione e può essere semplice come: "Questo momento passerà". Mentre ti concentri sulla ripetizione di un mantra, anche le tue risposte fisiche rallenteranno, permettendoti di rilassare i muscoli e regolare la respirazione.

Tecniche di rilassamento muscolare

Un sintomo comune degli attacchi di panico è la tensione muscolare. Praticare tecniche di rilassamento muscolare può aiutare a limitare un attacco. Ciò è dovuto al fatto che quando la mente percepisce che il corpo si sta rilassando, anche altri sintomi, come la respirazione rapida, svaniscono. Il rilassamento muscolare progressivo è una tecnica che può aiutare a gestire gli attacchi di panico. Comprende la contrazione e il rilassamento dei muscoli a rotazione.

- Prova a mantenere la tensione per cinque secondi.
- Ripeti "rilassati" nella tua mente mentre rilasci il muscolo.
- Consenti al muscolo di rilassarsi per dieci secondi prima di passare al muscolo successivo.

Fare Qualche Esercizio Leggero

Camminare può aiutare a rimuovere una persona da un ambiente stressante. Inoltre, il ritmo della camminata può aiutare a regolare la respirazione. Muoversi tende a rilasciare ormoni noti come endorfine. Le endorfine sono responsabili del rilassamento del corpo e del miglioramento dell'umore. Optare per l'esercizio quotidiano può aiutare a ridurre l'ansia nel tempo, il che può ridurre direttamente la gravità o il numero degli attacchi di panico.

Immaginare un Posto Felice

Il tuo posto felice dovrebbe essere un posto dove puoi sentirti più rilassato. Tieni presente che il tuo posto felice non sarà lo stesso di quello di qualcun altro. Può essere un posto in cui ti senti sicuro, calmo e rilassato. Quando inizia un attacco di panico, può essere d'aiuto chiudere gli occhi e pensare di essere in quel posto. Prova a pensare alla calma che puoi percepire lì.

Conoscere i Fattori Scatenanti

I tuoi attacchi di panico potrebbero essere innescati da vari fattori come la folla, uno spazio chiuso o problemi finanziari. Man mano che impari a evitare o gestire i fattori scatenanti, puoi ridurre l'intensità e la frequenza dei tuoi attacchi di panico.

Parlarne a Qualcuno

Nel caso in cui i tuoi attacchi di panico si verifichino frequentemente nello stesso ambiente, come uno spazio sociale o un posto di lavoro, può essere utile informare qualcuno. Puoi far sapere alla persona che tipo di supporto può fornirti se dovesse accadere di nuovo. Nel caso in cui si verifichi un attacco di panico in pubblico, dirlo a qualcun altro può aiutare.

Quando Chiedere Aiuto

Gli attacchi di panico potrebbero essere disorientanti e spaventosi. Se tendi a temere di avere un attacco di panico, puoi contattare il tuo medico per rassicurarti e consigliarti. Attacchi di panico gravi o ricorrenti potrebbero essere un sintomo del disturbo di panico. La condizione colpisce circa il 3% delle persone negli Stati Uniti ogni anno. Puoi metterti in contatto con il tuo medico se i tuoi attacchi di panico:

☐ Tendono a intralciare la vita

☐ Sono inaspettati e ricorrenti

☐ Non possono essere affrontati con metodi di coping domestici

Tieni presente che i sintomi di un attacco di panico potrebbero essere più o meno simili a quelli di un infarto. Se sospetti un ictus o un infarto, opta per cure mediche immediate.

Non è sempre possibile essere sicuri o prevedere quando potrebbe verificarsi un attacco di panico. Tuttavia, avere un piano adeguato per quando si verifica un attacco può aiutarti a mantenere il controllo. Praticare tecniche di radicamento e metodi di respirazione profonda e trovare un posto tranquillo può aiutarti a riprendere il controllo al momento di un attacco. Puoi anche optare per strategie a lungo termine per ridurre la frequenza o il verificarsi degli attacchi di panico. Comprende la scelta di modifiche sane dello stile di vita, l'apprendimento della gestione dell'ansia quotidiana e la prova della terapia.

Affrontare la Preoccupazione

Senti che stai cercando di combattere costantemente le tue preoccupazioni? Ti senti controllato dalle tue preoccupazioni? Pensi che succederà qualcosa di brutto se non ti preoccupi? Quando inizi a preoccuparti, pensi che non sia possibile fermarti? Non sei solo. È stato riscontrato che una persona su dieci considera la preoccupazione come una parte inseparabile del proprio carattere e della propria personalità. La preoccupazione cronica spesso è guidata dall'esigenza di preoccuparsi di garantire che tutto vada bene. Ma può influenzare il tuo umore , la tua produttività complessiva, le tue relazioni e la tua vita sociale. Ecco alcuni modi in cui puoi affrontare le preoccupazioni eccessive.

Risolvi i Problemi e non Preoccuparti

Preoccuparsi può essere considerato un tentativo inefficace di risolvere i problemi. Mentre ti preoccupi, fai del tuo meglio per trasformarlo in un'utile soluzione del problema pensando a ciò che devi fare ora per risolvere il problema. Cerca di sviluppare le tue capacità di risoluzione dei problemi invece di concentrarti sulle preoccupazioni.

Preoccuparsi Non è Utile

Non lasciarti mai ingannare pensando che preoccuparsi possa essere utile. Se sei una persona che tende a preoccuparsi continuamente, devi essere arrivato a un punto in cui usi la preoccupazione per illuderti che stai facendo qualcosa per risolvere un problema. Non può mai essere considerato un'alternativa per affrontare i problemi in modo pratico. Tieni presente che preoccuparsi non è mai utile.

Smettila di perdere tempo con domande del tipo "E se...".

Non ti aiuterà in alcun modo se continui a pensare a situazioni che potrebbero accadere; tuttavia, in realtà, è abbastanza improbabile che abbiano luogo. Non è altro che un uso improprio del tempo dedicato al cervello. Prova a farci caso quando inizi a chiederti "E se...?". La maggior parte degli scenari che tendi a creare con questo approccio non si realizzeranno mai. Quindi, perché sprecare il tuo tempo prezioso pensandoci?

Sfidare le tue convinzioni riguardo alla preoccupazione

Ci sono persone che tendono a pensare che preoccuparsi sia una cosa assolutamente negativa. Ma preoccuparsi può svolgere una funzione importante nella vita se fatto nel modo giusto. La preoccupazione può essere una parte essenziale delle tue armi per affrontare il mondo. Ma, preoccuparsi di per sé non può mai risolvere nulla. È più come un segnale che c'è qualcosa che deve essere risolto. Ricorda che preoccuparsi se non si riesce a risolvere il problema è una perdita di tempo.

Praticare il pensiero realistico

A volte, la preoccupazione è causata dal modo in cui pensi a un problema. Dovresti avere un pensiero realistico riguardo a ciò che ti preoccupa. Prova a pensarci in modo equilibrato. Puoi farti alcune domande.

- Quante probabilità ci sono che la situazione si verifichi?
- Cosa ho esattamente paura che accada?
- Qual è la cosa più probabile che potrebbe accadere?
- Sto sopravvalutando la probabilità che succeda qualcosa?
- Quale potrebbe essere un modo più utile per visualizzarlo?
- Cosa direi ad un caro amico che si preoccupa allo stesso modo?

Solleva il tuo Umore

Sapevi che uno stato d'animo negativo tende ad alimentare le preoccupazioni? Gli stati d'animo negativi includono rabbia, ansia, senso di colpa, tristezza, vergogna, ma anche stati fisici come dolore e stanchezza. Se ti preoccupi, assicurati di non farlo quando sei di cattivo umore. In questo caso, ti sarà difficile controllare le preoccupazioni. Per evitare che ciò si verifichi, prova a fare qualcosa che possa aiutarti a migliorare il tuo umore.

Non Sopprimere Mai Le Preoccupazioni Indesiderate

Quando inizi a preoccuparti, cerca di non combattere o controllare i tuoi pensieri. La preoccupazione può aiutarti a notarli invece di cercare di sopprimerli. È perché cercare di sopprimere i tuoi pensieri li farà rimbalzare ancora di più su di te. Quindi, prova a riconoscere i pensieri che hai e fai qualcos'altro che sia utile.

Abbracciare l'Incertezza

Tutti coloro che sentono di aver bisogno di prevedibilità e certezza spesso si preoccupano di acquisire un certo senso di controllo sul futuro. Le persone che rientrano in questa categoria devono accettare che l'incertezza è una parte inevitabile della vita. Nessuna preoccupazione può garantire il risultato desiderato. Cerca di capire che l'incertezza è neutra. Potrebbe accadere che in futuro succeda qualcosa di inaspettato, oppure qualcosa di brutto. Potresti non ottenere tutto ciò che desideri, o potresti persino ottenere qualcosa che è migliore di quello che desideri. Invece di preoccuparti per l'incertezza riguardo al futuro, prova a pensare di voler rimanere con i piedi per terra riguardo alle aspettative.

Adottare la CBT

La CBT, o terapia cognitivo comportamentale, può aiutarti ad apprendere diversi modi di pensare e reagire alle situazioni che causano ansia. Entrare in contatto con un professionista della salute mentale può aiutare a sviluppare modi per alterare modelli di pensiero e comportamenti negativi prima che si trasformino in una spirale.

Gestire i Tuoi Trigger

È possibile identificare i fattori scatenanti da solo o con l'aiuto di un professionista della salute mentale. A volte possono essere abbastanza ovvi, come la caffeina, il fumo o il consumo di alcol. Altre volte, potrebbero essere meno evidenti. Problemi a lungo termine, come situazioni legate al lavoro o questioni finanziarie, potrebbero richiedere del tempo per essere risolti. È una persona, una situazione o una data di scadenza? Una volta determinato il trigger, dovrai limitare il più possibile la tua esposizione ad essi. Nel caso in cui non sia possibile limitarlo, ad esempio se si tratta di un ambiente di lavoro stressante che non può essere modificato al momento, altre strategie di coping potrebbero aiutare.

Capitolo 4: Sbarazzarsi del Rimorso e della Vergogna

Il rimpianto è qualcosa che è abbastanza forte da farti provare vergogna, impotenza o incapacità di andare avanti. Tuttavia, in realtà, la maggior parte di noi commette gravi errori nella propria vita. Come è possibile andare avanti? Ci sono buone notizie per te. Puoi avvalerti dell'aiuto di alcune tecniche e strategie che possono aiutarti a superare i sentimenti di rimorso e senso di colpa. In questo modo potrai tornare a vivere la vita che desideri o che meriti.

Controllare i Tuoi Sentimenti

I grandi sentimenti, come quelli causati dai rimpianti, potrebbero rivelarsi travolgenti. È abbastanza comune sentirsi fuori controllo o smarriti. Tuttavia, semplicemente dando un nome ai tuoi sentimenti, puoi capire che sono solo sentimenti. In questo modo avrai il potere di sbarazzartene. Assicurati di essere specifico mentre lo fai. Se questo aiuta, annota i tuoi sentimenti o esprimili ad alta voce. Prenditi del tempo per riflettere. Alcune grandi emozioni che potresti provare sono sopraffazione, tensione, tristezza, senso di colpa o vergogna. Ora, il passo successivo è identificare i sentimenti in parole, su carta o nei tuoi pensieri: "Mi sento un po' imbarazzato e senza speranza". Dovrai ricordare a te stesso che i tuoi sentimenti non potranno mai controllarti. Puoi dire: "È uno stato mentale temporaneo. Sono consapevole di come elaborare ed esprimere le emozioni.

Brainstorming Su Come le Tue Azioni Avrebbero Potuto Aiutare Te o Gli Altri

Non esiste scelta che possa essere totalmente sbagliata o totalmente perfetta. È così anche quando il cervello a volte ti induce a pensarlo. Dovrai ricordare a te stesso che, anche quando ti penti della scelta che hai fatto, ne possono derivare alcune cose buone. Ad esempio, prova a cercare lezioni verso le quali la tua decisione potrebbe averti mostrato il percorso. Supponiamo che ti penti del tuo divorzio. Tuttavia, grazie a ciò, ora hai la libertà di spostarti ovunque tu voglia. Potrebbe non essere stata un'opzione prima. Oppure vorresti non essere stato un cattivo amico per qualcuno. Ma ora hai imparato ad apprezzare le relazioni importanti della vita. Potresti desiderare che sarebbe stato meglio se avessi agito in modo diverso. Tuttavia, qualunque sia la tua scelta, ci saranno aspetti positivi e negativi. Puoi ottenere potere quando riconosci questo.

Sfidare le Convinzioni Personali Negative

Una delle verità inevitabili è che tutti commettiamo errori. È vero che il rimpianto può farti sentire un fallito. Oppure può farti sentire che non meriti nemmeno un po' di comprensione. Tuttavia, non è sempre vero. Dovrai cercare di comprendere le tue scelte passate. Dovrai concentrarti anche su quelle di cui ti penti. Nel momento in cui non perdoniamo, pensieri invadenti potrebbero apparire nella nostra mente. Dovrai sfidarli. In termini semplici, dovrai dare il massimo per trattarti come avresti trattato il tuo migliore amico.

Quali sono i limiti, i pensieri o i sentimenti che ritieni abbiano contribuito alla decisione che hai preso? Nel caso in cui fosse qualcun altro a fare una scelta nei tuoi panni, saresti in grado di capire perché ha fatto quella scelta? Dovrai combattere le tue convinzioni negative su te stesso. Ad esempio, ogni volta che ti ritrovi a pensare: "Sono debole come persona", dovrai ricordare a te stesso che lavori duro ogni giorno per fare del bene agli altri e a te stesso. Avrai bisogno di consolarti come faresti con un amico. Puoi dire: "Sono una persona forte. Sto dando il massimo. Sto andando alla grande".

Il Rimpianto È Un Modo Per Prendere Potere Sulle Vecchie Esperienze

Non c'è dubbio che non possiamo cambiare il passato. In ogni momento, la cosa migliore che puoi fare è cercare di ottenere il massimo da tutto ciò che ti capita. Potrebbe sembrare molto più facile a dirsi che a farsi. Tuttavia, devi accettare il fatto che il passato non è nelle tue mani. Cerca di concentrarti sull'onorare i valori che hai. Puoi avere una vita più significativa quando ti concentri sui tuoi valori: potrebbe darsi che il servire gli altri o la famiglia siano le massime priorità. Cerca di incorporarli nella tua routine quotidiana.

Stabilisci i tuoi obiettivi. È possibile controllare in parte il futuro che ti aspetta. Quindi concentrati su quello. Una nuova casa, relazione o carriera potrebbe essere un nuovo obiettivo appagante. Prova a lavorare su questo. Dovrai reindirizzare tutti i tuoi pensieri ossessivi. Cercare di punirti rimuginando su tutto non servirà a nessuno, e nemmeno a te. Quando inizi a farlo, prendi un cruciverba, prendi il telefono o accendi la TV.

Legami su Esperienze Condivise

Il rimpianto è abbastanza potente da farti sentire solo. È così anche quando altri hanno sperimentato la stessa cosa che provi tu adesso. Puoi unirti a gruppi di supporto o contattare gli amici per ricevere aiuto. Cercare di parlare dei problemi con persone che possono effettivamente comprendere l'esperienza può fare un'enorme differenza. Potresti avere amici che rimpiangono opportunità professionali mancate o rotture: puoi metterti in contatto con loro. Esistono vari tipi di gruppi di supporto che si possono trovare oggi. Puoi cercare online per trovare quelli nelle vicinanze. La maggior parte delle persone non ama i gruppi di supporto. Tuttavia, si è scoperto che possono funzionare come per magia. Anche quando non ti piacciono, perché non provarci una volta?

Distrarsi

Quando ti svegli e ti senti sopraffatto, prova a riempire la giornata con attività piacevoli e positive. Le tue relazioni e passioni sane possono aiutarti a radicarti. A volte, una buona tazza di caffè o una bella corsa possono fare qualcosa di straordinario per cambiare le sorti della giornata. Ci sono alcune cose che puoi provare. Comincia con l'esercizio quotidiano. Anche optare per un po' di movimento può darti diversi tipi di benefici. Puoi goderti un giro in bicicletta, fare una passeggiata o provare lo yoga. Puoi contattare un amico che ti fa sentire sempre benissimo. Puoi anche impegnarti ulteriormente nella tua carriera. Impara una nuova abilità, opta per un nuovo progetto o insegui un nuovo titolo di lavoro.

Scrivi i tuoi sentimenti

È possibile sentirsi intrappolati in emozioni difficili come la vergogna o il dolore. Tuttavia, tali sentimenti sono più gestibili di quanto sembri a volte. Prova ad annotare i tuoi sentimenti, pensieri ed esperienze. Con il tempo vedrai i sentimenti passare. Inoltre, alcuni dei pensieri che hai riguardo alla tua situazione non sono corretti o falsi. Puoi provare a scrivere sul diario di mattina in modo da poter iniziare la giornata con il piede giusto. Nel caso in cui ti accorgi che stai vivendo una giornata intensa e piena di emozioni, concediti una passeggiata al sole o una buona colazione. Tenendo il diario, quando noti che stai trascorrendo una giornata fantastica, prova a sentirlo. Puoi anche elencare tutte quelle cose per cui sei grato. Può renderti più positivo con il tempo. Inoltre, assicurati di non giudicarti per tutto ciò che scrivi. È più simile a uno spazio sicuro che hai progettato per te stesso. Cerca di onorarlo.

Un Aiuto Professionale per Superare il Rimorso

Allo stesso modo in cui potresti aver bisogno dell'aiuto di un medico quando affronti problemi di salute fisica, potrebbe essere del tutto logico che tu abbia bisogno di un terapista quando affronti problemi emotivi. Puoi fissare un appuntamento oppure puoi anche optare per una terapia di gruppo. Puoi chiedere referenze ai tuoi cari o ai tuoi amici in quanto può aiutarti a trovare degli ottimi terapisti. Nel caso in cui non ti senti in sintonia con il terapista per cui opti, non arrenderti. Potresti aver bisogno di qualche altro tentativo prima di poter trovare qualcuno che possa davvero aiutarti.

Meriti di Andare Avanti

Tutti commettiamo errori e tutti combattiamo con i rimpianti. Anche quando ritieni che i tuoi rimpianti siano più grandi di quelli degli altri, meriti di comprendere le tue motivazioni e di accettare tutto ciò che è successo. Finalmente puoi perdonare te stesso. Potresti pensare che questo sia impossibile; tuttavia, ci sono alcuni modi in cui puoi iniziare a muoverti nella direzione corretta. Prova a riconoscere i passi che hai compiuto finora per migliorare le cose. Hai provato a essere migliore? Ti sei scusato? Cerca di non ignorarlo: rifletti su quanto sia stato difficile fare tutte queste cose. Prova a pensare a chi serve il tuo rimorso. È certo che non aiuta te o nessun altro. Potresti sentirti una persona egoista a lasciar perdere. Tuttavia, nella realtà non è così. Dovrai decidere di perdonare te stesso. Prova a impegnarti in questo come nei tuoi obiettivi di vita e le cose diventeranno molto più facili per te col tempo.

Capitolo 5: Liberarsi Dai Pensieri Invadenti e dal Comportamento Ossessivo

Stai andando a letto presto. Sei molto entusiasta di riposarti adeguatamente dopo una giornata faticosa. Tuttavia, nel momento in cui la tua testa tocca il cuscino, il cervello viene consumato da pensieri disturbanti e indesiderati. Continui a soffermarti su quel pensiero, muovendoti nel letto tutta la notte. Hai mai sperimentato questo tipo di scenario in cui un pensiero indesiderato è apparso all'improvviso? Le probabilità che tu lo abbia sono alte. È stato riscontrato che il 99,3% delle persone sperimenta pensieri intrusivi. Di questi, solo il 13% sperimenta frequentemente pensieri intrusivi.

Cause dei Pensieri Intrusivi

Sebbene sia del tutto normale sperimentare occasionalmente pensieri intrusivi, il problema di fondo con essi inizia quando continui a preoccuparti e a esserne ossessionato. Quindi, non sorprende che i pensieri intrusivi siano spesso collegati al disturbo ossessivo compulsivo o ai disturbi d'ansia. I pensieri intrusivi sono generalmente casuali, ma le reazioni ad un evento o alle esperienze di vita di una persona tendono ad influenzarli. Ad esempio, una persona potrebbe vedere un servizio riguardante un furto al notiziario. La segnalazione potrebbe inconsciamente far sorgere pensieri ossessivi secondo cui un ladro potrebbe entrare in casa. I pensieri intrusivi possono presentarsi in diverse forme. Ecco alcuni di quelli comuni.

- Impegnarsi in comportamenti sessualmente inappropriati
- Commettere danno o violenza verso gli altri o se stessi
- Pensieri basati sulla paura
- Compiere atti contro la religione di una persona

Suggerimenti per Prendersi Cura dei Pensieri Intrusivi Tieni presente che non è necessario che i pensieri disturbanti consumino tutta la tua vita. Puoi liberare la tua mente da essi. La prossima volta che affronti qualsiasi tipo di pensiero invadente, prova a tenere a mente i seguenti suggerimenti.

Cerca di non Reprimere il Pensiero

Per la maggior parte delle persone, la prima reazione che tendono ad avere di fronte a un pensiero invadente è dimenticarsene. Ma ciò che non riescono a capire è che così facendo si ottiene l'effetto opposto. Finirai per pensare ancora di più al pensiero invadente. Un esperimento presso l'Università di Harvard ha spiegato il concetto. Ai partecipanti all'esperimento è stato chiesto di non pensare agli orsi bianchi per cinque minuti. Sai cos'è successo? I partecipanti hanno pensato agli orsi bianchi in media molto più di una volta al minuto.

Invece di cercare di sopprimere consapevolmente i tuoi pensieri, puoi provare a distogliere la tua attenzione generale da essi con l'aiuto di un'attività coinvolgente. Ad esempio, puoi provare a leggere un libro o completare un cruciverba. Assicurati di non passare da un tipo di attività all'altra. Dovrai immergerti completamente in un'attività e assicurarti che non sia possibile essere ricollegato in alcun modo al pensiero intrusivo. Ad esempio, quando hai pensieri intrusivi legati alla morte, non avrebbe senso provare a distogliere la tua attenzione leggendo un libro correlato agli omicidi.

Identificazione dei Trigger

Spesso i tuoi pensieri non sono del tutto casuali. Le tue interazioni quotidiane possono facilmente influenzarle. Puoi tenere un diario dei pensieri intrusivi in modo da poter comprendere meglio gli schemi con il tempo. Inoltre, oltre a tenere un elenco dei tuoi pensieri, tieni un registro del tuo umore e degli appunti riguardanti la giornata. Quando noti pensieri simili che compaiono nel tempo, prova a tornare ai tuoi appunti. Prova a capire se riesci a determinare qualsiasi tipo di modello. Potrebbe darsi che i pensieri si siano verificati quando avevi molto tempo libero. Oppure potrebbe accadere che si verifichino dopo aver visto un film violento. Semplicemente tenendo traccia di tali schemi, puoi facilmente scoprire la causa principale e occuparti del problema sottostante.

Comprendere la Differenza Tra Realtà e Pensiero

Una delle maggiori preoccupazioni per la maggior parte delle persone con pensieri intrusivi è che potrebbero mettere in atto alcuni pensieri oscuri e intrusivi, come fare del male alla persona che amano. Desiderano comprendere il significato dietro i pensieri e vogliono essere rassicurati sul fatto che non li commetteranno. Ma i pensieri intrusivi sono proprio come suggerisce il nome: solo pensieri. I pensieri non sono un segno di tutto ciò che accadrà. Non vi è alcun intento di iniziare ad agire di conseguenza, indipendentemente da ciò che la tua ansia o il tuo disturbo ossessivo compulsivo vogliono farti credere. Tenendo questo presente, cerca di accettare tutti questi pensieri come tali. Consenti loro di passare liberamente attraverso la mente, determinandoli ma non lasciando che ti consumino. Quando impari ad accettare i pensieri intrusivi come qualsiasi altro pensiero, avrai meno probabilità di continuare a preoccupartene con il tempo.

Implementare cambiamenti positivi nella tua routine

Quando provi a infondere nella tua vita vibrazioni positive, avrai meno spazio per quelle negative. Perché non optare per un cambiamento di stile di vita che possa farti sentire bene e trasformare lo stesso in un'abitudine quotidiana? Ecco alcuni esempi di cambiamenti che puoi apportare alla tua routine quotidiana.

- Pratica lo yoga
- Sviluppare abitudini alimentari più sane
- Camminare fuori

Nel caso in cui scoprissi che tendi ad avere pensieri invadenti, soprattutto al mattino, prova a mettere in atto le attività sopra menzionate non appena ti alzi. Un adeguato cambiamento di mentalità può fare miracoli per scrollarsi di dosso tutti i tipi di pensieri invadenti.

Parlarne

Ci sono persone che tendono a vergognarsi di ammettere di avere pensieri invadenti. Infatti, alcune persone potrebbero provare sentimenti di colpa ad essi correlati. Queste persone cercano di affrontare i propri pensieri da sole, nascondendoli agli altri. Ma essere in grado di parlare dei tuoi sentimenti con una persona di cui ti fidi può essere estremamente utile. Essendo vulnerabile e aperto riguardo al modo in cui ti senti e anche a ciò che provi, puoi facilmente sviluppare una nuova prospettiva sulla tua situazione. Per alcune persone, parlare con uno sconosciuto è molto più semplice che parlare con qualcuno che conoscono. In tal caso, la terapia può essere un'ottima opzione. Puoi trovare vari tipi di terapie, sia in contesti di gruppo che individuali. Effettua una ricerca adeguata e prenditi del tempo per valutare le opzioni.

I pensieri intrusivi capitano a tutti noi. Puoi facilmente superare i pensieri invadenti con un po' di impegno e concentrazione. Il tuo successo complessivo dipenderà dalla tua capacità di gestire l'impulso di preoccuparti e di essere ossessionato da loro.

Suggerimenti Extra per Gestire i Pensieri Intrusivi

Potrebbe non essere sempre possibile fermare i tuoi pensieri invadenti. Inoltre, questo non dovrebbe essere l'obiettivo. Dovrai considerare di concentrarti su come poterli rendere meno opprimenti e sviluppare una certa distanza tra il pensiero e te. Lo scopo qui è sentirsi liberi di avere il controllo sui propri pensieri.

Meditazione Consapevole

Un principio fondamentale della consapevolezza è imparare a osservare i propri pensieri con calma senza lasciarsi coinvolgere emotivamente o giudicarli. Può essere un ottimo modo per affrontare i pensieri intrusivi, poiché non negherai che i pensieri siano presenti. Modificherai solo il tuo rapporto con essi. Non è richiesta alcuna attrezzatura speciale per iniziare con la meditazione. Tutto ciò di cui hai bisogno è un po' di tempo e un posto tranquillo dove esercitarti.

Tieni Presente che "Anche Questo Passerà"

Potrebbe essere un mantra semplice e potente in grado di fornirti tutto il supporto per ritrovare la prospettiva. Quando una sorta di pensiero intrusivo tende ad occupare la tua mente, potresti avere la sensazione che non scomparirà mai. Tuttavia, i pensieri sono temporanei per natura. Niente esiste come uno stato mentale permanente. Praticare un mantra come "I miei pensieri sono temporanei" o "Anche questo passerà" può essere utile per ridurre il loro potere.

CBT

La CBT è un tipo di psicoterapia che può essere molto utile per trattare tutti i tipi di disturbi del pensiero. Può essere particolarmente utile per i pensieri intrusivi che lentamente diventano ossessivi poiché aiuta a creare una distanza tra un individuo e i suoi pensieri. La CBT funziona sull'idea che i modelli di pensiero possono essere modificati o disimparati. Un terapista può lavorare con te per identificare i tuoi pensieri e riformularli in modo che perdano potere.

Tecniche di Visualizzazione

Visualizzare i tuoi pensieri ti farà sentire più in controllo. Ad esempio, puoi pensare alla tua mente come a un cielo azzurro e a tutti i tuoi pensieri come nuvole passeggere. Alcune nuvole sono scure e altre sono leggere. Tuttavia, nessuna nuvola è permanente. Continuano a muoversi. È una tecnica di consapevolezza chiamata nuvole di pensiero. Puoi facilmente usarla al di fuori della tua pratica di meditazione.

Radicarsi nel Presente

I pensieri intrusivi potrebbero spesso farti concentrare sugli aspetti negativi. Potresti finire per creare storie che non sono affatto basate sulla realtà. Senza che tu ne abbia idea, potresti passare molto tempo a vivere nel tuo passato o a essere inutilmente ossessionato dal futuro. Concentrarsi sul presente potrebbe essere un ottimo modo per gestire i pensieri intrusivi. Alcune delle tecniche di radicamento che possono aiutarti a centrare la tua attenzione sono:

- Meditazione attiva
- Respirazione profonda
- Meditazione sulla scansione del corpo

Trascorrere del Tempo Con un Animale Domestico

Potresti non esserne consapevole, ma gli animali possono essere estremamente calmanti per una mente ansiosa. Non hanno alcuna comprensione dei tuoi pensieri turbati. Quindi possono facilmente fornirti tutta la distrazione e il supporto emotivo di cui hai bisogno. Uno studio del 2019 che ha coinvolto animali ha scoperto che l'interazione con gli animali può aiutare a ridurre i livelli di cortisolo, l'ormone dello stress. Il cortisolo svolge un ruolo enorme in diversi problemi di salute mentale. Inoltre, la terapia assistita da animali per affrontare i traumi sta diventando sempre più comune.

Avvicinarsi al Pensiero con Curiosità

Non tutti i suggerimenti sopra menzionati possono essere pratici per te in ogni situazione. Tuttavia, una delle cose che puoi sempre provare è riformulare i pensieri che hai. Cerca di osservare tutti i tuoi pensieri senza alcun tipo di giudizio. Prova ad avvicinarti ad essi con curiosità spostando la tua attenzione sul modo in cui il tuo corpo risponde ad alcuni pensieri che potrebbero sorgere. I pensieri angoscianti potrebbero essere un modo per il cervello di elaborare qualcosa.

I pensieri intrusivi potrebbero rivelarsi angoscianti e allarmanti per determinati motivi. Tali pensieri spesso tendono a spuntare dal nulla e molto probabilmente sono in contrasto con i tuoi comportamenti e le tue convinzioni abituali. È necessario tenere presente che i pensieri avranno solo il potere che gli dai. Non è altro che una frase nella tua mente. Inoltre, non riflette nulla riguardo al tuo carattere o al tuo vero sé. Cerca di utilizzare il più possibile i suggerimenti sopra menzionati per vivere la tua vita libera da pensieri invadenti.

Capitolo 5: Principi della CBT e Come Funzionano

La CBT, o terapia cognitivo-comportamentale, è un tipo di terapia della parola che si concentra sulla razionalizzazione di tutti i tipi di pensieri e comportamenti negativi. In genere si ottiene sfidando tutti i tipi di errori cognitivi e riformulandoli in modo più razionale. La procedura complessiva del trattamento è adattata alle esigenze di una persona. Esistono dieci principi della CBT pensati per tutti. Includono essere istruiti e basati sul tempo. La cosa migliore della CBT è che promuove l'essere il tuo terapista. Opta per un approccio proattivo alla prevenzione e al trattamento delle ricadute.

Cos'è la CBT?

La CBT è un tipo di trattamento psicologico che funziona esplorando i collegamenti tra emozioni, comportamenti e pensieri. È un trattamento basato sul tempo, orientato agli obiettivi e strutturato che è abbastanza efficace per vari tipi di problemi di salute mentale.

Nozioni di base sulla CBT

La CBT si concentra sull'imparare a cambiare le tue azioni e i tuoi pensieri. È il motivo per cui viene chiamata terapia cognitivo-comportamentale. Aaron Beck è chiamato il padre della CBT. Ha definito la cognizione come avente tre livelli.

- Credenza fondamentale
- Presupposto disfunzionale
- Pensiero negativo automatico

Credenza Fondamentale

Le convinzioni fondamentali sono generalmente influenzate e apprese dalle esperienze della prima infanzia. Sono radicate nel sistema di credenze di una persona e aiutano a definire opinioni negative su determinate cose.

- Se stessi: mi odio e non valgo niente.
- L'ambiente o il mondo: perché nessuno si prende cura di me?
- Futuro: le cose non miglioreranno mai.

Presupposto Disfunzionale

L'assunzione disfunzionale si verifica quando tendi a concentrarti sulle cose negative. Porta ad una percezione distorta della realtà oltre che ad un'errata interpretazione delle informazioni. Tali distorsioni cognitive sono modelli di pensieri irrazionali che vengono esagerati da sentimenti e pensieri negativi.

ANT

I pensieri negativi automatici sono percezioni negative involontarie riguardo alla realtà che tendono a manifestarsi come un'abitudine. Potrebbero essere difficili da riconoscere perché sono fugaci. Inoltre, portano a emozioni negative. Gli ANT possono essere sfidati cambiando tutti i tuoi pensieri e riformulandoli in un modo più positivo e razionale.

Modello Cognitivo

Il modello CBT è stato ideato da Aaron Beck ed è ora utilizzato come quadro di riferimento per comprendere il disagio mentale di una persona. Il framework segue un processo semplice. Inizia con un fattore scatenante o una situazione angosciante che fa sì che una persona abbia pensieri negativi. I pensieri negativi portano a disagio fisico ed emozioni negative, che alla fine si traducono in comportamenti negativi.

Principi della CBT

Sebbene la terapia debba essere progettata in base alle esigenze di una persona, ci sono dieci principi che possono sostenere la terapia cognitivo comportamentale per tutti.

La CBT si Basa Sui Problemi Dei Pazienti

Vengono identificati gli attuali modelli di pensiero e i comportamenti problematici dei pazienti. È necessario considerare vari fattori, come le esperienze di vita del paziente, durante la sua infanzia e anche durante le sessioni di terapia. Una concettualizzazione del paziente viene formulata dalle informazioni raccolte per progettare un quadro adeguato della situazione del paziente. La concettualizzazione viene perfezionata in ogni sessione man mano che nel tempo vengono presentate più informazioni.

Enfatizza La Partecipazione Attiva E La Collaborazione

È richiesto il lavoro di squadra durante le sessioni, insieme alle decisioni su cosa lavorare e con quale frequenza. La partecipazione attiva da parte del paziente è necessaria per avere un impatto duraturo sul trattamento.

Richiede Alleanza Terapeutica

È necessario sviluppare una forte relazione tra paziente e terapeuta. Il terapeuta dovrebbe essere sufficientemente capace da fornire calore, cura, competenza ed empatia.

Focalizzato Sui Problemi e Orientato Agli Obiettivi

Il paziente deve fissare obiettivi particolari durante le prime sessioni. Gli obiettivi sono valutare e rispondere a tutti quei pensieri che tendono a interferire con tali obiettivi. Può aiutare il paziente a determinare e interrompere i pensieri.

Enfatizza il presente

Il trattamento deve essere concentrato sui problemi attuali e sulle situazioni particolari angoscianti. La CBT prenderà in considerazione il passato quando il paziente lo desidera o quando rimane bloccato in un pensiero disfunzionale. Essere in grado di comprendere la propria infanzia può aiutare a modificare le proprie convinzioni fondamentali.

Tempo Limitato

La depressione e l'ansia semplici possono essere trattate con l'aiuto di sei-quattordici sedute. Ma per i pazienti con convinzioni più rigide e malattie mentali, il periodo di tempo potrebbe variare da un paio di mesi ad anni.

La CBT è Educativa

Insegnare al paziente ad essere in grado di comprendere il processo, come determinare e valutare le proprie convinzioni e pensieri e come i loro pensieri influenzano comportamenti ed emozioni fanno parte della CBT. La CBT insegna ai pazienti a pianificare le alterazioni comportamentali.

Insegna ai Pazienti a Valutare i Pensieri Disfunzionali

I terapisti supportano i pazienti nel determinare le cognizioni chiave e optano per prospettive più razionali e realistiche. Si ottiene con l'aiuto della scoperta guidata interrogando i pensieri per la valutazione del pensiero. I terapisti potrebbero anche creare esperimenti comportamentali per testare il pensiero dei pazienti.

Sessioni Strutturate

Una forma strutturata di trattamento aiuta a massimizzare l'efficacia e l'efficienza. Il processo include quanto segue:

- Introduzione: verificare l'umore, una breve revisione della settimana, stabilire un ordine del giorno per la sessione
- Al centro: ripasso dei compiti, discussione dei problemi, definizione di nuovi compiti, riepilogo
- Finale: feedback

Varietà di Tecniche

Le tecniche comportamentali e di risoluzione dei problemi sono importanti nella CBT. Il tipo di tecniche che verranno utilizzate dal terapeuta dipenderanno dalla concettualizzazione del relativo paziente. Altri fattori importanti sono gli obiettivi della sessione e il problema.

Cosa imparerai nella CBT?

L'obiettivo principale della CBT è modificare comportamenti e pensieri negativi per renderli più razionali. Durante le sessioni di CBT, imparerai a:

- Riconoscere che i pensieri sono opinioni e distinguere tra pensieri e fatti irrazionali
- Determinare i problemi e sviluppare la consapevolezza di comportamenti e pensieri negativi
- Sfidare consapevolmente, seguita dalla riformulazione dei presupposti disfunzionali
- Essere gentile con te stesso e più presente

- Stabilire obiettivi raggiungibili
- Avere il controllo dei problemi e essere più resilienti
- Sviluppare una prospettiva positiva sulle situazioni
- Essere il tuo terapista e prevenire le ricadute

Tecniche di Base della CBT

Esistono diversi tipi di tecniche che verranno utilizzate al momento del trattamento CBT. Diamo un'occhiata ad alcune delle tecniche comuni.

- Modello ABC: aiuta nella reinterpretazione delle credenze irrazionali che si traducono in comportamenti alternativi
  1. Evento attivante: un evento che potrebbe provocare pensieri disfunzionali e disagio emotivo.
  2. Convinzione: pensieri negativi che si sono sviluppati a causa dell'evento attivante.
  3. Conseguenze: comportamenti e sentimenti negativi verificatisi a causa dell'evento.

- Terapia dell'esposizione: essere in grado di esporsi al fattore scatenante potrebbe aiutare a ridurre le risposte. Potrebbe sembrare un po' scomodo durante le prime sedute. Tuttavia, viene generalmente eseguito in un ambiente controllato con l'aiuto del terapista. Il trattamento è ottimo per affrontare le fobie.
- Scoperta guidata: il terapeuta proverà a mettersi nei tuoi panni e a vedere le cose dal tuo punto di vista. Inizieranno il processo ponendoti vari tipi di domande per ampliare e sfidare il tuo pensiero.
- Pianificazione delle attività: il terapista determinerà e programmerà i comportamenti utili che ti piace davvero fare. Può includere attività o hobby divertenti e gratificanti.

- Ristrutturazione cognitiva: il trattamento si concentra sulla ricerca e sul cambiamento dei pensieri irrazionali in modo che siano ragionevoli e adattivi.

- Lo scenario migliore/peggiore/più probabile: permettere ai tuoi pensieri di rimuginare ed esplorare i tre scenari può aiutarti a razionalizzare tutti i tuoi pensieri. Ciò può aiutare nello sviluppo di alcuni passaggi attuabili in modo da poter realizzare il controllo del comportamento.

- Journaling: annotare tutti i tuoi pensieri in un diario può aiutare a sviluppare la consapevolezza degli errori cognitivi. Inoltre, può aiutarti a comprendere la cognizione personale.

- Terapia dell'accettazione e dell'impegno: l'approccio ti incoraggerà ad accettare e abbracciare i sentimenti invece di cercare di combatterli. È un po' diversa dalla CBT tradizionale, in cui ai pazienti viene insegnato ad avere il controllo sui propri pensieri.

- Gioco di Ruolo: la tecnica può aiutarti a mettere in pratica gli scenari difficili che potresti incontrare. Può aiutare a migliorare le capacità di risoluzione dei problemi e ridurre la paura. Inoltre, può aiutare a migliorare le interazioni sociali, migliorare le capacità di comunicazione e sviluppare la fiducia in situazioni particolari.

- Esperimenti Comportamentali: tali esperimenti sono progettati per testare e determinare modelli di pensieri negativi. Il terapista ti chiederà di prevedere cosa accadrà e parlerà dei risultati in seguito. Si consiglia di iniziare con esperimenti di ansia minore prima di provare a prendersi cura di quelli più angoscianti.

Pro e Contro della CBT

È vero che l'approccio cognitivo-comportamentale si è già dimostrato un trattamento efficace per la maggior parte delle persone, ma non è pensato per tutti. Diamo un'occhiata ad alcuni dei vantaggi della CBT.

- Nella maggior parte dei casi è possibile completare la CBT in breve tempo
- Si concentra sul cambiamento di pensieri e comportamenti per cambiare il modo in cui qualcuno si sente
- Può aiutare nel trattamento di problemi mentali in cui i farmaci non funzionano
- Insegna strategie pratiche che possono essere utilizzate nella vita di tutti i giorni

Ecco alcuni degli svantaggi della CBT.

- Potrebbe essere difficile per le persone con gravi problemi di salute mentale o con problemi di apprendimento
- È necessario che il paziente partecipi attivamente e mostri impegno nel processo, il che potrebbe richiedere tempo
- L'ambiente del paziente non viene preso in considerazione e potrebbe avere un certo impatto sul suo benessere generale
- Include il confronto con l'ansia: l'esposizione iniziale potrebbe risultare scomoda per alcuni individui
- Il modello cognitivo presta attenzione ad un ambito ristretto e si concentra sulle questioni attuali senza lavorare sui problemi sottostanti

Puoi optare per la CBT valutando i pro e i contro del processo. Ma se lo fai, devi impegnarti nel processo complessivo.

Capitolo 6: Sviluppare Capacità Di Comunicazione E Costruire Relazioni Migliori

I problemi di comunicazione potrebbero svilupparsi in qualsiasi relazione o circostanza sociale. È abbastanza facile per noi fraintendere le altre persone. Tali malintesi potrebbero provocare discussioni o tensioni nelle relazioni platoniche, professionali o personali. In alcuni casi potrebbero svilupparsi conflitti e tali conflitti potrebbero finire per rendere la comunicazione ancora più difficile. Potrebbe essere utile ottenere il supporto di un professionista della salute mentale o di un terapista mentre si esplorano le cause dei problemi di comunicazione. Un terapista può anche aiutarti quando cerchi di superare qualsiasi tipo di disagio o difficoltà derivante da problemi di comunicazione.

Problemi di Comunicazione e Tipologie

Esistono diversi fattori che potrebbero portare a problemi di comunicazione tra due o più individui. Opinioni o differenze di idee potrebbero provocare disaccordi tra colleghi o amici. Potrebbe portare a difficoltà nella comunicazione. Tutte quelle persone che optano per la consulenza relazionale tendono a citare i problemi di comunicazione come uno dei motivi principali per ricevere un trattamento. In alcuni casi, potrebbero sorgere problemi a causa di esperienze personali o background culturali. Poiché gli stili di comunicazione tendono a differire molto tra le culture, una persona potrebbe dire la stessa cosa a due persone di culture diverse e essere interpretata in due modi.

Una cattiva salute mentale o fisica potrebbe anche comportare un'interruzione della comunicazione tra la persona che fornisce assistenza e la persona che richiede il trattamento. Una persona che soffre di disagio o malattia potrebbe stancarsi di comunicare i suoi problemi a un professionista dopo l'altro. Oppure potrebbero avere difficoltà a presentare un problema specifico. Potrebbe rivelarsi un enorme ostacolo a qualsiasi tipo di trattamento. Alcune delle situazioni che potrebbero facilmente contribuire a problemi di comunicazione sono:

- Trauma
- Problemi di salute mentale e fisica
- Lo stress infantile
- Barriere culturali
- Incapacità di comprendere il punto di vista di un'altra persona
- Interpretazione errata delle dichiarazioni di un'altra persona
- Differenze linguistiche
- Ostruzionismo
- Stereotipi e ipotesi imprecise
- Inganno e segretezza
- Scarse capacità di ascolto
- Comportamenti o commenti istigatori

Relazioni Intime e Problemi di Comunicazione

Le sfide comunicative spesso tendono ad essere un fattore di difficoltà relazionali. Una coppia potrebbe capire quando le aree di preoccupazione prevalgono nella loro relazione. Tuttavia, potrebbero non attribuire tali difficoltà a una scarsa comunicazione. Alcune coppie tendono a discutere spesso di questioni quotidiane e a considerarsi grandi comunicatori.

Potrebbe essere così anche quando trascurano questioni o problemi che potrebbero avere un impatto enorme sulla loro relazione. Le coppie che sono consapevoli dei problemi di comunicazione e continuano a lavorare sul miglioramento della comunicazione potrebbero trovarlo utile per risolvere i conflitti.

Problemi psicologici ed emotivi che tendono a derivare da precedenti relazioni romantiche, relazioni infantili o altri ambiti della vita potrebbero influenzare le relazioni romantiche. Tali tali problemi potrebbero portare a un disagio emotivo che è difficile da discutere o comunicare con un partner. Quando un partner sperimenta delle difficoltà e non riesce a comunicare le stesse all'altro partner, quella persona potrebbe sentirsi ferita. Potrebbe avere un impatto negativo sul benessere della relazione. Una corretta comunicazione tra partner romantici è considerata una necessità per una relazione sana. Quando sorgono problemi di comunicazione nelle relazioni, la terapia può aiutare ad affrontare i problemi ed esplorare le cause reali. Una persona che desidera migliorare le proprie capacità comunicative quotidiane potrebbe trovare utile:

- Rilassarsi prima di provare a comunicare un argomento complesso
- Sviluppare una connessione emotiva subito prima di comunicare
- Evitare di parlare per qualcun altro
- Esprimere i propri sentimenti utilizzando affermazioni in prima persona
- Esprimere sentimenti e pensieri in modo conciso
- Ascoltare attentamente le altre persone

Problemi di Cultura e Comunicazione

Anche quando due individui condividono la stessa lingua, le differenze culturali potrebbero finire per ostacolare una comunicazione efficace. La cultura di una persona potrebbe avere un impatto serio su come si sente e pensa al mondo. Due individui che tendono a parlare lo stesso tipo di lingua pur avendo background culturali diversi potrebbero uscire da una conversazione con punti di vista diversi sullo scambio. Quando qualcuno non è madrelingua della lingua in cui avviene la comunicazione, errori di traduzione o incomprensioni potrebbero impedire una buona comunicazione. Esistono tre modi principali in cui la cultura può avere un impatto su una comunicazione significativa.

- I vincoli comportamentali sono differenze nelle azioni non verbali e verbali. Ad esempio, in alcune culture è accettabile mantenere il contatto visivo con una figura autorevole al momento della comunicazione, ma le persone di altre culture potrebbero trovare il comportamento inaccettabile.
- I vincoli cognitivi potrebbero essere riscontrati in persone che non hanno lo stesso tipo di visione del mondo pur avendo quadri di riferimento diversi.
- I vincoli emotivi si riferiscono alle differenze nell'espressione di emozioni e sentimenti. Le persone provenienti da un background culturale specifico potrebbero esprimere apertamente i propri sentimenti, mentre le persone provenienti da un'altra cultura potrebbero avere un controllo rigido sui propri sentimenti ed emozioni.

Quando le persone coinvolte nelle comunicazioni interculturali non sono ben consapevoli dei vincoli o degli effetti che potrebbero avere, sono destinati a svilupparsi malintesi. Di conseguenza, si verifica un conflitto.

Stili di Comunicazione

Esistono quattro stili principali di comunicazione: assertivo, aggressivo, passivo e passivo-aggressivo. Tutti questi stili sono caratterizzati da comportamenti, linguaggio ed effetti particolari. Sapere come determinare i principali stili di comunicazione può aiutare a comprendere gli stili utilizzati nelle relazioni personali. Ciò può aiutare una persona a essere più brava ad apportare le modifiche necessarie per lo sviluppo e la crescita di tutti i tipi di relazioni.

- Qualcuno che tende a comunicare in modo assertivo è molto probabile che sia diretto, onesto e chiaro riguardo alle emozioni e ai pensieri. Possono garantire che i sentimenti vengano espressi nel modo corretto. Tali comunicatori tendono a valorizzare e difendere i diritti personali. Ma stanno molto attenti a non violare i diritti altrui. Un individuo che comunica in modo assertivo potrebbe fare dichiarazioni o credere all'effetto di "Entrambi abbiamo ugualmente diritto alla nostra opinione". La comunicazione assertiva è uno degli stili di comunicazione più consigliati perché è efficace e sano.

- Gli stili di comunicazione aggressivi potrebbero comportare un'espressione diretta e chiara dei sentimenti. Ma questo tipo di espressione potrebbe avvenire in modo inappropriato e violare i diritti altrui. Poiché la maggior parte di noi tende a concentrarsi su come è stato trasmesso il messaggio anziché su tutto ciò che è stato detto, uno stile di comunicazione di questo tipo potrebbe perdere la sua efficacia. Questo tipo di comunicazione può essere caratterizzato da convinzioni o affermazioni del tipo "Farò ciò che voglio nonostante le conseguenze".

- Quando si tratta di comunicazione passiva, i sentimenti e i pensieri di una persona non vengono espressi in modo onesto o aperto. Nel caso in cui le opinioni vengano espresse, potrebbero essere espresse in modo tale da non essere prese in considerazione da altre persone. Chi tende a comunicare passivamente è destinato a sperimentare difficoltà nell'esprimere o realizzare desideri e opinioni personali. In alcuni casi, ciò potrebbe indurre altri ad approfittarsi o a violare i diritti di una persona. È molto probabile che un comunicatore passivo venga usato dagli altri e potrebbe dire o pensare: "Tutti tendono a calpestarmi".

- Le persone che tendono ad adottare lo stile passivo-aggressivo esprimono i propri sentimenti e pensieri in modo confuso o poco chiaro. Queste persone potrebbero inizialmente sembrare passive e in seguito finire per agire indirettamente per rabbia. Le persone che comunicano in questo modo potrebbero sentirsi bloccate, impotenti o risentite per le circostanze attuali. Tuttavia, potrebbero non essere in grado di affrontare le circostanze in modo diretto. Potrebbero optare per minare la fonte del risentimento con espressioni di rabbia.

Problemi di Comunicazione e Terapia

Per le persone che hanno a che fare con problemi di comunicazione, sono disponibili diversi tipi di opzioni terapeutiche. A seconda della situazione di una persona, coloro che necessitano di un aiuto professionale potrebbero trarre beneficio dalla consulenza di coppia, dalla terapia familiare o dalla terapia individuale. Ad esempio, tutti coloro che hanno problemi di comunicazione a causa di traumi infantili repressi possono scoprire e risolvere emozioni e pensieri inconsci con la terapia. Di conseguenza, potrebbero sviluppare le loro capacità generali di comunicazione. Un terapista può aiutare le persone a esaminare le strategie di comunicazione per determinare se lo stile di comunicazione di una persona può trasmettere adeguatamente i propri bisogni, obiettivi e pensieri. Alcune delle strategie di trattamento che possono essere utilizzate per affrontare i problemi di comunicazione sono:

- Ascolto attivo
- Apertura delle linee di comunicazione
- Dialogo
- Ascolto dialogico
- Comunicazione rispettosa
- Comunicazione mediata

Migliorare la Comunicazione nelle Relazioni Personali

La comunicazione non violenta è una delle migliori tecniche per migliorare la comunicazione in qualsiasi tipo di relazione personale. Implica la volontà insieme alla capacità di percepire e affrontare i problemi in una forma non giudicante. È necessario perché quando si vuole cambiare una persona si finisce per creare resistenze. La tecnica è un modo eccellente per discutere un problema che ritieni sia nella tua mente. Ad esempio, il tuo partner arriva in ritardo a un appuntamento e tu ti senti deluso. Per ottenere un esito positivo della conversazione, prova a seguire questi passaggi.

L'osservazione Non Equivale alla Valutazione o all'Interpretazione

Dovrai iniziare a comunicare tutte le tue osservazioni senza cercare di etichettarle o interpretarle. Nel caso in cui il tuo partner arrivi in ritardo, è solo in ritardo. Potresti interpretare che quella data non significhi nulla per lui/lei o che ci sia qualcosa di più importante per lui/lei. Quindi, invece di cercare di interpretare qualcosa, puoi dire: "Sei arrivato tardi all'appuntamento". Non è altro che una constatazione fattuale senza alcun tipo di valutazione.

I Tuoi Sentimenti Non Sono I Tuoi Pensieri

È estremamente importante per te comunicare ciò che senti. Le discussioni tendono a svilupparsi da tutti i tipi di emozioni nascoste. Dovrai assicurarti di comprendere le tue emozioni, oltre a essere in grado di esprimerle in una forma non giudicante. Se il tuo partner arriva in ritardo, puoi dire: "Sono infastidito".

Esprimi le tue Esigenze

Dovrai capire di cosa hai bisogno. Dopo aver realizzato i tuoi bisogni, prova ad esprimerli. Mentre lo fai, puoi dare al tuo partner la possibilità di decidere se vuole e può incontrarlo. Ad esempio, puoi dire: "Vorrei sentirmi importante per te".

Fai Richieste Chiare

Il passo finale è quello di procedere con richieste chiare. Cosa pensi che il tuo partner debba fare per te affinché tu possa sentire che i tuoi bisogni sono stati soddisfatti? Puoi dire: "Questo è il motivo per cui ti chiedo di essere puntuale".

I passaggi sopra menzionati sono semplici ma non sono così facili. Potrebbe essere necessario un po' di tempo per completare tutti i passaggi.

Tutti noi tendiamo a comunicare abbastanza. Ma potremmo andare oltre. Ci sono persone che sono in contatto tramite i social durante il giorno, anche quando si incontrano quotidianamente. Ci sono persone che potrebbero non sentire questo bisogno. Non esiste una regola fissa su quanto la comunicazione possa essere considerata sana. Quando due individui trovano qualcosa che tende a funzionare per loro, non è necessario cambiarlo. Ma se mai sentissi di aver comunicato troppo e di voler cambiare, chiediti perché hai bisogno di restare in contatto. Quale pensi che possa essere il motivo che ti spinge a voler contattarli e comunicare? Che tipo di motivazione è presente dietro la chiamata che fai o il messaggio che invii?

È un requisito umano connettersi con altre persone, ma non puoi mai dimenticare la necessità di connetterti con te stesso. Comunichi con te stesso nello stesso modo in cui comunichi con gli altri? Che tipo di conversazione hai con te stesso? Quando impari a comunicare con te stesso, puoi facilmente migliorare la tua comunicazione con gli altri.

Capitolo 7: Come Affrontare la Rabbia

Vedendo le cose da una prospettiva intellettuale, la rabbia è un'emozione fondamentale che gioca un ruolo importante nella sopravvivenza umana. La rabbia ha aiutato gli esseri umani a sopravvivere in passato e, anche oggi, ci sono vari casi in cui la rabbia può essere una risposta funzionale. Ad esempio, l'emozione può spingerti a prendere posizione contro qualcosa di ingiusto o a sviluppare confini chiari quando qualcun altro cerca di importi le sue preferenze e opinioni. Tuttavia, non è una novità che la rabbia sia anche l'emozione che può facilmente innescare accese discussioni, essere la ragione per cui non possiamo mantenere un lavoro o essere la causa principale di problemi relazionali. Con il tempo, i professionisti della salute mentale sviluppano vari tipi di strategie e tecniche di CBT per gestire la rabbia. Si dice che la CBT possa aiutare facilmente ad affrontare la rabbia.

È necessario capire che la questione non è la rabbia ma il modo in cui decidi di reagire quando ti imbatti in questa emozione. Quanto meglio riesci a comprendere la connessione tra reazioni esplosive e interpretazioni irrazionali, tanto più facile sarà controllare la tua rabbia.

La CBT è Efficace per la Gestione della Rabbia?

Sappiamo già che la CBT è un approccio terapeutico che aiuta a promuovere il pensiero razionale. Inoltre, può fornire alle persone strumenti pratici per coltivare la salute emotiva e mentale. La maggior parte degli esperti ritiene che la CBT sia uno degli approcci più pratici per la gestione della rabbia. Semplicemente esplorando la triade emozione-pensiero-comportamento, puoi determinare modelli che ti spingono dalla rabbia a reazioni sproporzionate. Le tecniche e i programmi di gestione della rabbia CBT possono essere molto utili per affrontare la rabbia eccessiva. È stato scoperto che le persone con disabilità intellettiva possono facilmente imparare ad avere un migliore controllo sulle proprie reazioni con l'aiuto delle tecniche di gestione della rabbia della CBT.

La Migliore Terapia per la Gestione della Rabbia

È stato dimostrato che la CBT è utile per le persone con problemi di rabbia. Tuttavia, la CBT non è l'unico approccio efficace per la gestione della rabbia. Ad esempio, è stato scoperto che l'arteterapia può aiutare i bambini a gestire la rabbia e a sviluppare l'autostima. A condizione che i problemi di rabbia siano comuni, la maggior parte degli approcci terapeutici promuovono varie tecniche e strategie che supportano i pazienti nella gestione delle emozioni spiacevoli in modo funzionale e sano. Se soffri di problemi di rabbia, un'ottima opzione è optare per una terapia individuale. In termini semplici, parteciperai a sessioni individuali con un terapista professionista che può aiutarti nello sviluppo di adeguate strategie di coping. Puoi anche optare per una terapia di gruppo. Si tratta di frequentare sessioni di gruppo sotto la guida di un professionista. Nella terapia di gruppo puoi interagire con persone che affrontano lo stesso tipo di problema. La cosa migliore della terapia di gruppo è il senso di appartenenza che una persona può provare. Ti renderai conto che non sei l'unica persona che ha a che fare con problemi di rabbia.

Diversi Tipi di Rabbia

Ci sono vari tipi di rabbia che devi conoscere. Quando sarai consapevole dei tipi di rabbia, diventerà più facile per te e il tuo terapeuta optare per il miglior trattamento possibile.

Rabbia Adattiva

Nonostante sia un'emozione negativa e spiacevole, la rabbia a volte può aiutare a superare le difficoltà inaspettate della vita. È ciò che è noto come rabbia adattiva. È più simile a un'esperienza emotiva che aiuta a mobilitare le risorse interne e le concentra sulla gestione degli ostacoli. Ad esempio, la rabbia può motivare le persone a protestare quando i governi e le autorità prendono decisioni che non sono le migliori. Quando si tratta di situazioni in cui sono in gioco i tuoi desideri, le tue priorità e le tue esigenze, la rabbia svolge due funzioni. Da un lato, tende a segnalare una discrepanza tra ciò che ritieni sia meglio per te e ciò che l'ambiente può fornirti. D'altro canto, può spingerti a cercare opzioni alternative, a chiedere giustizia e a optare per un trattamento equo.

Comportamenti Passivo-Aggressivi

Tutti coloro che hanno tendenze passivo-aggressive hanno maggiori probabilità di esprimere la rabbia in modi sottili. Finiscono per creare un'atmosfera tesa attorno a sé. Nel caso in cui ti ritrovi con qualcuno che mostra un comportamento passivo-aggressivo, noterai che anche quando tutto sembra andare bene all'esterno, c'è qualcosa che non va. Le persone che possiedono tendenze passivo-aggressive semplicemente odiano quando qualcuno dice loro cosa fare. È molto probabile che non collaborino quando qualcosa o qualcuno interferisce con i loro obiettivi. In effetti, potrebbero finire per vendicarsi in modo non conflittuale, spettegolando e diffondendo voci ed escludendo altre persone dalla loro cerchia sociale.

Rabbia Disadattiva

Quando la rabbia tende a raggiungere livelli allarmanti e la sua intensità offusca il tuo giudizio, è molto probabile che tu abbia a che fare con una risposta emotiva disadattiva. Se lasciato incontrollato, potrebbe sfociare in atteggiamenti difensivi o impulsivi che potrebbero avere un impatto sulle tue relazioni professionali e personali. È abbastanza potente da costringerti a prendere decisioni affrettate di cui molto probabilmente finirai per pentirti in seguito. Generalmente, la rabbia disadattiva è accompagnata da irritabilità, convinzioni irrazionali, comportamenti impulsivi, scarsa capacità decisionale, atteggiamenti rigidi e linguaggio inappropriato. In casi estremi, potrebbe anche portare alla violenza fisica. Tuttavia, è importante tenere presente che non tutte le persone che affrontano problemi di rabbia manifesteranno le emozioni in modi esplosivi e violenti.

Rabbia Repressa

Dal lato opposto ci sono le persone che tendono ad affrontare le emozioni spiacevoli cercando di reprimerle. Mentre vivono situazioni spiacevoli che tendono a suscitare insoddisfazione e rabbia, cercano di tenere tutto imbottigliato dentro invece di esprimere ciò che provano. A differenza degli individui che esprimono la rabbia attraverso atteggiamenti passivo-aggressivi o violenza, le persone che decidono di reprimere le emozioni implodono. Con il tempo, la rabbia repressa potrebbe portare a conseguenze fisiologiche e psicologiche estreme come ruminazione, risentimento, isolamento sociale, convinzioni irrazionali e insonnia.

Come i Terapeuti Affrontano la Rabbia

La rabbia è un tipo di emozione che potrebbe innescare reazioni a tutti i livelli. Dal punto di vista fisiologico, la rabbia tende a metterci in modalità lotta o fuga. Potrebbe provocare respirazione accelerata, battito cardiaco accelerato, mascelle serrate, muscoli tesi e varie altre sensazioni fisiche. Dal punto di vista cognitivo, la rabbia è accompagnata da un insieme di pensieri disadattivi e irrazionali che finiscono per contribuire a interpretazioni errate. Ad esempio, "Non posso tollerarlo", "Questo non è accettabile", "Questo non è affatto giusto" e così via.

Alla Scoperta delle Radici

Il primo passo nella gestione della rabbia è scoprire la vera radice del problema. Tutti coloro che hanno a che fare con problemi di rabbia potrebbero incontrare problemi anche con altre emozioni. Ciò indica che una spiegazione potrebbe essere la mancanza di strategie per regolare le emozioni. Inoltre, l'ansia o la depressione potrebbero essere uno dei problemi di fondo. In questi casi, si può dire che la rabbia sia un grido di aiuto. Per scoprire la radice del problema, la cosa migliore che puoi fare è contattare un terapista o un consulente che possa aiutarti in questo doloroso processo.

Identificazione dei Trigger

Ogni individuo che tende a manifestare rabbia attraverso atteggiamenti inappropriati o violenti possiede una serie di fattori scatenanti. Facendoti identificare i fattori scatenanti, un terapista può aiutarti a essere meno reattivo ai contesti o alle situazioni in cui affronti difficoltà per mantenere la tua rabbia. In certi casi, la cosa migliore che si può fare è evitare di innescare eventi o situazioni. È necessario farlo almeno finché non si riesce a sviluppare strategie di coping adeguate.

Coltivazione della Consapevolezza

Durante le sessioni iniziali, uno degli obiettivi primari è sviluppare la consapevolezza di sé. Dovrai capire come interpretazioni errate possano sfociare in scatti d'ira e decisioni affrettate. Il problema principale della rabbia è che potrebbe offuscare il tuo giudizio o compromettere la tua capacità di moderarti per trovare un modo più sano di esprimerla. Questo è il motivo per cui le strategie di auto-aiuto potrebbero non funzionare per tutti coloro che hanno problemi di rabbia.

Promozione di Risposte Alternative

Sulla base dei fattori scatenanti che ti fanno perdere la pazienza, un professionista della salute mentale può aiutarti nell'identificazione e nell'attuazione del piano di intervento personalizzato. Tale piano includerà strategie che possono funzionare meglio per te. In generale, le tecniche di gestione della rabbia CBT sono strutturate per affrontare i problemi su tutti i fronti. Le strategie che funzionano per te presteranno attenzione ai livelli comportamentale, cognitivo ed emotivo.

Tecniche di Gestione della Rabbia CBT

Diamo un'occhiata ad alcune delle tecniche della CBT che possono aiutare nella gestione della rabbia.

Ristrutturazione Cognitiva

Il modo in cui interpreti qualsiasi evento che tende a scatenare insoddisfazione e rabbia può dettare il modo in cui reagisci. Con l'aiuto della ristrutturazione cognitiva imparerai a interpretare le situazioni in modo diverso, alterando così la tua reazione alla rabbia. L'obiettivo qui non è rimuovere la rabbia dallo spettro emotivo o determinare un modo positivo di vedere le cose. Sappiamo già che ci sono casi in cui la rabbia può essere considerata un'emozione giustificata. Ma quando si sviluppa un modo per esaminare razionalmente la situazione generale e manifestare le emozioni in un modo socialmente accettabile, la rabbia può rivelarsi la forza trainante dietro un atteggiamento proattivo.

Il "Kit della Calma"

Si tratta di un insieme di vari tipi di pratiche che possono aiutare a coltivare uno stato di calma dopo un evento stressante e frustrante. Man mano che usi le pratiche del tuo "kit della calma", puoi evitare di arrivare al punto in cui è più probabile che tu abbia uno scoppio di rabbia. Dalle tecniche di rilassamento alla meditazione, al diario, ai messaggi motivazionali e alla musica, assicurati di avere almeno due o tre strumenti per affrontare quando la rabbia ribolle sulla superficie della coscienza.

Consapevolezza

Uno studio ha scoperto che gli adolescenti che affrontano ansia e rabbia possono ottenere un aiuto significativo da una combinazione di tecniche di consapevolezza e terapia cognitivo-comportamentale. Con l'aiuto delle pratiche di consapevolezza, le persone con problemi di rabbia possono facilmente esercitare la consapevolezza del momento presente. Può facilitare una corretta comprensione dei pensieri pieni di preoccupazioni. Permetterebbe loro di avere il controllo su come reagiscono. Invece di permettere alla rabbia di consumarti, prova a prenderti un po' di tempo e a controllare l'emozione selvaggia.

Respirazione Profonda e Rilassamento Muscolare

La rabbia eccessiva può aumentare la respirazione e la frequenza cardiaca. Mentre respiri lentamente attraverso le narici e poi espiri lentamente, puoi provare sollievo e avere il controllo. Puoi dedicare circa dieci minuti a questo esercizio. La rabbia potrebbe anche manifestarsi come tensione muscolare nelle spalle e nel collo. Quando senti il collo rigido, continua a respirare. Rotolare delicatamente e lentamente la testa su una spalla e poi sull'altra. Continua a coordinare il ruolo della testa con la respirazione.

La rabbia eccessiva può danneggiare la salute fisica e mentale, la carriera e le relazioni. Se tendi a sentirti sopraffatto dalla rabbia, non esitare mai a chiedere aiuto. La CBT è un approccio strutturato e direttivo alla gestione della rabbia. Può insegnarti varie strategie di coping per la gestione dei trigger. Tieni presente di non reprimere la rabbia. Cerca di comunicare lo stesso in modo sano e assertivo.

Capitolo 8: Tecniche CBT per l'Ansia

La CBT è una pratica basata sull'evidenza per vari tipi di problemi comportamentali e dell'umore. Tuttavia, si è rivelato molto efficace nel trattamento dei disturbi d'ansia. Esistono vari tipi di disturbi d'ansia che possono essere trattati con l'aiuto della CBT, come il disturbo di panico, il disturbo d'ansia generalizzato, il disturbo d'ansia sociale e le fobie. La CBT può essere utilizzata anche per trattare altri disturbi che tendono ad avere l'ansia come sintomo comune, come il disturbo da stress post-traumatico e il disturbo ossessivo compulsivo.

La CBT e la Riduzione Dei Modelli Di Pensiero Ansiosi

La CBT descrive tutti i tipi di pensieri ansiosi come pensieri automatici negativi o distorsioni del pensiero. Include pensieri preoccupati del tipo "e se…" o dello "scenario peggiore" su cui la maggior parte delle persone ansiose tende a rimuginare. Con le tecniche della CBT è possibile fermare e trasformare tali pensieri in pensieri più utili e positivi che possono aiutare a ridurre l'ansia. Diamo un'occhiata ad alcuni dei modi in cui la CBT aiuta a interrompere i pensieri negativi che portano all'ansia.

Ingrandimento

Si tratta di concentrarsi eccessivamente o di prestare eccessiva attenzione a un dettaglio "non così importante" o a qualcosa che potrebbe non accadere. Ad esempio, concentrarsi su un piccolo errore commesso in una lunga presentazione è un ingrandimento. La CBT aiuta a rimpicciolirlo per vedere il quadro più ampio o prestare attenzione alle parti positive della presentazione. Può aiutare a riformulare tutti i tipi di pensieri negativi riguardanti la presentazione.

Lettura della Mente

Implica pensieri che presuppongono la conoscenza di ciò che qualcun altro sente o pensa o quali sono le sue motivazioni. Ad esempio, avere la convinzione che un amico non ti abbia richiamato perché non è soddisfatto di te e non è disposto a essere tuo amico è considerato una lettura del pensiero. Nella CBT imparerai a optare per ragioni meno personali e alternative per cui il tuo amico non ti ha richiamato. Potrebbero essere occupati o semplicemente essersi dimenticati di richiamare.

Cartomanzia

Si tratta di fare previsioni riguardo al futuro senza avere prove o informazioni sufficienti. Ad esempio, credere che un appuntamento sarà scomodo o imbarazzante mentre incontrerai la persona per la prima volta significa predire il futuro. Puoi immaginare interazioni o risultati positivi per l'appuntamento o utilizzare la consapevolezza per riportare la mente al presente invece di concentrarti sul futuro con l'aiuto della CBT.

Ragionamento Emotivo

È la tendenza a credere che qualcosa sia vero o sarà vero a causa di un'emozione provata da una persona. perché la si teme può essere considerato un ragionamento emotivo. Tracciare e monitorare tutti i tuoi pensieri negativi o ansiosi annotandoli può aiutarti a essere consapevole della distorsione.

Confronti

Implica paragoni inutili che un individuo fa tra gli altri e sé stesso che finiscono per farlo sentire più inadeguato, ansioso o insicuro. Ad esempio, paragoni te stesso al lavoro a chiunque altro sia stato in azienda più a lungo di te, e ti senti un fallimento.

Quando opti per la CBT, puoi immaginare un segnale di stop nella tua mente nel momento in cui ti ritrovi a fare qualsiasi tipo di paragone inutile. Puoi lavorare per focalizzare tutta la tua attenzione su qualsiasi altro pensiero mentre ciò accade.

Filtraggio

Succede quando qualcuno ignora determinate informazioni che non si adattano ai suoi sentimenti, credenze e pensieri. Ad esempio, avere la convinzione che non piaci ad altre persone e scartare di conseguenza familiari e amici che ti amano davvero, è considerato un filtraggio. Elenca tutte le prove a sostegno della convinzione che non piaci agli altri. Elencherai anche le prove che sono in conflitto con la convinzione precedente. Ciò ti aiuterà a sfidare tutti i tipi di credenze e pensieri irrazionali.

Riduzione dei Comportamenti Che Provocano Ansia

I terapisti possono aiutare le persone a determinare modelli comportamentali con l'aiuto della CBT che potrebbero causare problemi o peggiorarli. I comportamenti problematici vengono determinati valutando le conseguenze sia a breve che a lungo termine di un determinato comportamento. È stato scoperto che i comportamenti problematici possono ridurre l'ansia a breve termine poiché possono fornire un sollievo immediato. Tuttavia, a lungo termine l'ansia può aumentare, oltre a creare conseguenze indesiderate di vario genere. I modelli comportamentali problematici negli individui con problemi di ansia potrebbero includere:

Evitare

Evitare luoghi, situazioni o cose che tendono a scatenare l'ansia potrebbe fornire sollievo a breve termine dall'ansia. Tuttavia, è molto probabile che peggiorino le cose a lungo termine. Ad esempio, annullare tutti i tuoi impegni con gli amici perché ti senti insicuro o ansioso riguardo al rifiuto. La CBT utilizza la terapia dell'esposizione per incoraggiare i pazienti ansiosi ad affrontare gradualmente tutte le loro paure, oltre a insegnare loro abilità di rilassamento per la gestione dell'ansia.

Distrazione

Implica concentrarsi o fare cose per stare lontano da sentimenti o pensieri ansiosi. Ad esempio, potresti avere la necessità di tenere la radio o la TV accese in sottofondo per evitare pensieri ansiosi che tendono a emergere durante i momenti di silenzio. La CBT può insegnarti abilità alternative che puoi utilizzare al posto della distrazione. Inoltre, puoi apprendere abilità per sfidare, interrompere e modificare i tuoi pensieri ansiosi in qualcosa che può aiutarti a sentirti più calmo.

Controllo

La maggior parte degli individui ansiosi spesso opta per strategie di controllo per la gestione dell'ansia e per sentirsi più sicuri pur essendo incerti. Ad esempio, avere l'obbligo di seguire un programma o una routine rigorosi quando si è ansiosi o stressati per sentirsi meno ansiosi e avere più controllo. Un terapista può incoraggiarti a modificare il tuo programma o la tua routine in piccoli modi sotto forma di terapia espositiva. Con il tempo, ti aiuterà ad avere più fiducia nella tua capacità di adattarti ai cambiamenti.

Indugio

Si tratta di rimandare o ritardare un compito a causa dell'ansia eccessiva. Ad esempio, aspettare fino all'ultima notte prima della scadenza di un grosso progetto prima di iniziare. Un terapista può aiutarti a determinare i modelli di procrastinazione. Puoi sapere dove e quando è più probabile che si presentino e come puoi resistere a tutti i tuoi impulsi di procrastinare. Ad esempio, potresti ricevere l'incoraggiamento a suddividere un compito enorme in porzioni più piccole che puoi completare facilmente invece di completare tutto in una volta.

Proiezione

Implica il reindirizzamento dell'ansia o di qualsiasi altra emozione verso l'esterno, verso un'altra persona o situazione. Ad esempio, aggredisci il tuo partner quando ti senti in ansia per un grande progetto di lavoro. La CBT può incoraggiarti a capire il vero fattore scatenante o la causa dietro le emozioni. Potrai affrontarli frontalmente controllando le paure e i pensieri particolari che alimentano l'ansia. Un terapista può anche aiutarti a sfidare tutti questi pensieri o a sviluppare passaggi attuabili.

Tecniche Comuni della CBT

Dopo che i modelli comportamentali e i pensieri problematici sono stati identificati con successo, la CBT si concentrerà sulle abilità di insegnamento in modo che le persone sofferenti possano sostituire i modelli con qualcos'altro. La CBT può aiutarti a sostituire tutti i tuoi schemi problematici con qualcosa di più utile. La CBT viene scelta principalmente per il suo trattamento incentrato sulla soluzione. Il professionista lavora a stretto contatto con il paziente per raggiungere un obiettivo specifico. Tieni presente che le tecniche CBT sono utili; tuttavia, l'efficacia complessiva dipenderà dall'individuo che riceve il trattamento. Alcune tecniche o metodi potrebbero non riuscire a ridurre la lotta di una persona con ansia, mentre altri metodi potrebbero aiutare. Dipende tutto dal terapeuta e dal paziente determinare quale metodo funziona per loro e quale no. Diamo un'occhiata ad alcune delle tecniche più comuni della CBT per il trattamento dei sintomi dell'ansia.

Modelli di Tracciamento

L'obiettivo primario del trattamento CBT è ridurre i sintomi generali oltre a migliorare il funzionamento alterando i modelli comportamentali e di pensiero. Per raggiungere questo obiettivo, le fasi iniziali del trattamento sono spesso concentrate nel supportare i clienti a determinare i modelli. Implica anche la definizione di modalità in modo che questi modelli possano essere fermati prima che diventino problematici. I compiti comuni della CBT includono registri in cui ai pazienti viene chiesto di tenere traccia di:

- Pensieri che hanno durante il giorno, in particolare nei momenti in cui tendono a provare ansia o stress
- Comportamenti e risposte durante l'ansia e qualsiasi tipo di ricompensa o conseguenza a cui porta il comportamento
- Emozioni che sperimentano, insieme all'intensità delle stesse
- Circostanze interne o esterne che provocano sentimenti, risposte e pensieri particolari

Il tracciamento dei modelli può aiutare quando una persona è disposta a determinare i comportamenti che adotta quando i suoi pensieri o sentimenti negativi tendono a sorgere. Può essere molto utile per le persone che affrontano ansia, problemi di rabbia e disturbi alimentari.

Riformulazione del Pensiero

È un'abilità che include l'interruzione di tutti i tipi di pensieri inutili e il tentativo di ripensarli in modo utile. Ad esempio, una persona può facilmente riformulare un pensiero ansioso riguardante un appuntamento dal medico pensando a come potrebbe giovare alla sua salute. La ristrutturazione può fornire ogni tipo di aiuto alle persone per adattare i propri pensieri in certi modi che possono portare alla riduzione dell'ansia. Funziona introducendo modelli di pensiero razionale nei momenti in cui il pensiero di una persona diventa eccessivamente emotivo. La ristrutturazione del pensiero può essere particolarmente utile per le persone che tendono a lottare con l'autostima.

Arresto del Pensiero

Man mano che sviluppi una consapevolezza degli schemi, il tuo terapista potrebbe iniziare a insegnarti le abilità in modo che tu possa interrompere e sostituire gli schemi. Esistono varie abilità della CBT che prestano attenzione ad aiutare i pazienti a interrompere schemi di pensiero inutili. Una volta interrotti, puoi imparare a sostituire i pensieri con schemi utili. Fermare il pensiero implica l'uso di un comando mentale visivo e verbale mentre si sperimentano pensieri inutili. Potrebbe essere la parola "no" o "stop". Oppure puoi anche immaginare un segnale di stop.

Pensieri Stimolanti

Si tratta di testare l'accuratezza del pensiero con l'aiuto di processi razionali come l'elenco delle prove. Man mano che riesci a sfidare i pensieri ansiosi, puoi ridurre l'ansia oltre a ridurre le decisioni impulsive e irrazionali nei momenti di preoccupazione o stress. Ad esempio, fare un elenco di prove contro e a favore di una particolare convinzione è un metodo comune per sfidare i pensieri irrazionali. L'abilità può aiutarti a identificare quando i tuoi pensieri potrebbero essere distorti a causa dell'ansia, invece di credere che siano veri.

Risoluzione dei Problemi

Implica che i pazienti siano incoraggiati a pensare a tutte le opzioni e a valutare le conseguenze a breve e lungo termine di ciascuna opzione. Poiché molti comportamenti guidati dall'ansia si concentrano sulla determinazione di risultati a breve termine, tutte queste competenze sono necessarie per aiutarti a prendere decisioni migliori. Ad esempio, annullare i piani potrebbe essere un'opzione allettante per una persona che soffre di ansia sociale. Tuttavia, a lungo termine potrebbe provocare depressione, isolamento e maggiore ansia sociale.

Esercizi CBT da Provare a Casa

Anche se non è possibile optare per un trattamento CBT a casa da soli, alcuni esercizi possono aiutarti a ridurre l'ansia. Implica abilità e attività che si concentrano sull'essere più consapevoli di sentimenti, pensieri e comportamenti e sulla scelta di cambiamenti quando i modelli portano all'ansia. Diamo un'occhiata ad alcune tecniche di CBT che possono essere provate a casa.

Essere Consapevoli dei Pensieri Ansiosi

Prova a fare un elenco di tutti quei pensieri che pensi alimentino la tua ansia. Dovrai prendere nota dei pensieri che rendono la tua ansia sempre più forte. Cerca di essere più consapevole di tutti questi pensieri e delle situazioni che li innescano. È possibile utilizzare un diario per registrare gli schemi durante il giorno.

Optare per Affermazioni Positive

Puoi scrivere affermazioni positive su foglietti adesivi e posizionarli ovunque nella tua area di lavoro e in casa. Le affermazioni potrebbero essere piccole frasi o mantra che possono ricordarti di fare una pausa, respirare o farti nominare una cosa che desideri.

Valutazione dei Comportamenti

Puoi fare un elenco di tutte quelle cose che tendono a cambiare riguardo al tuo comportamento nei momenti in cui ti senti ansioso. Dovrai valutarli ciascuno in modo da poter determinare se sono inutili o utili. Assicurati di considerare sia le conseguenze a lungo termine che quelle a breve termine di ciascun tuo comportamento. In effetti, questo modello può essere utilizzato per prendere decisioni riflettendo sulle conseguenze di ogni opzione.

Provare Qualcosa di Opposto

Poiché sentimenti, pensieri e comportamenti sono collegati tra loro, essere in grado di agire con sicurezza o coraggio nei momenti di ansia può fare una grande differenza. La tecnica si chiama azione opposta, che si può utilizzare per contrastare l'ansia. Si può fare con l'aiuto di comportamenti che sembrano essere opposti a tutto ciò che si farebbe normalmente quando ci si sente così. Ad esempio, quando ti viene voglia di isolarti, cerca di trovare un modo per entrare in contatto con altre persone. Questo può aiutare a cambiare il tuo stato d'animo.

Parla con Te Stesso

Potresti non esserne consapevole, ma sei il tuo migliore amico. L'autocritica è un modello comune che è stato riscontrato in vari problemi di salute mentale. In genere, parliamo a noi stessi in modi in cui non parleremmo mai agli altri. Dovrai affrontare questo tipo di dialogo interiore negativo parlando a te stesso nello stesso modo in cui parleresti con un amico intimo che ha bisogno di aiuto con la sua ansia.

La CBT è abbastanza efficace nella riduzione dei sintomi. Può aiutare a migliorare il funzionamento aiutando i pazienti a optare per cambiamenti mirati nel modo in cui rispondono e pensano nei momenti di ansia.

Capitolo 9: Pensieri e Miti

La CBT è una delle opzioni di trattamento per i problemi di salute mentale che stanno diventando sempre più popolari ogni giorno. Il procedimento non è così complesso e richiede poco tempo. Ma ci sono alcuni miti sulla CBT che devono essere sfatati prima di iniziare.

La CBT Richiede Molto Lavoro

La CBT comporta tanto o poco lavoro quanto qualcuno desidera. È completamente diversa dagli altri tipi di terapie in quanto include lo svolgimento di un po' di lavoro terapeutico da solo tra una sessione e l'altra. Potrebbero volerci solo pochi minuti ogni giorno o un paio di dieci minuti in più a settimana. La cosa migliore della CBT è che se vuoi fare di più, puoi farlo. Chiamarlo extra o molto lavoro potrebbe essere fuorviante. Tutto quello che farai è raccogliere informazioni su tutto ciò che stai facendo nel presente, intrecciare le attività che vuoi fare, sviluppare cose che fai normalmente e provare strategie per ottenere aiuto nella vita quotidiana. La maggior parte delle persone finisce per divertirsi e potrebbe decidere di fare di più di quanto pianificato. In termini semplici, tutto dipende da te. Non esiste una regola fissa da seguire.

I Cambiamenti Apportati Alla Terapia Non Dureranno

È un altro malinteso comune che la maggior parte delle persone ha. Alcune persone credono che, poiché la CBT si concentra in larga misura sul presente, sia impossibile avere un impatto duraturo. È completamente sbagliato. Ci sono molte ricerche che possono confermarlo. Quando inizi con la CBT, scoprirai perché la CBT può fornire cambiamenti duraturi. Quando opti per la CBT, imparerai che il processo non presta attenzione all'origine del problema. L'attenzione è rivolta a tutto ciò che sta cercando di mantenerli. Inoltre, il cambiamento non è qualcosa che può avvenire una volta alla settimana in terapia. È più come un processo che riporterai a casa direttamente nella tua vita di tutti i giorni. Quando raggiungi la fine del processo, il tuo terapista presterà attenzione a mantenere i progressi che hai fatto e gestirà tutto quando la situazione è difficile. In termini semplici, quando la terapia finisce, non si verifica un tale cambiamento. Continuerai a fare il lavoro che hai fatto.

La CBT è un Approccio Unico Per Tutti

La CBT ha molti strumenti a sua disposizione e prevede piani di trattamento e protocolli strutturati per vari disturbi. Ma è necessario capire che l'individualità di una persona non viene mai ignorata. Ogni essere umano è unico e tende a rispondere in modo univoco a situazioni specifiche in base alle esperienze di vita e alla resilienza emotiva. I terapisti specializzati in CBT acquisiscono una comprensione dettagliata dei bisogni e delle esperienze di ogni persona. Il terapeuta e il cliente sviluppano una connessione terapeutica che è estremamente importante. Lavorano in squadra per lo sviluppo di un quadro per comprendere le difficoltà del cliente. Pertanto, per ogni cliente viene progettato un piano di trattamento personalizzato in modo che possa raggiungere gli obiettivi della terapia.

La CBT Ignora i Problemi Passati

I terapisti CBT sono molto interessati alle esperienze passate e alla storia dei loro clienti. Non c'è dubbio che le tue esperienze di vita ti influenzano e ti modellano per essere la persona che sei nel presente. Tuttavia, a differenza di altre forme di terapia, che tendono a dare eccessiva importanza al passato, la CBT guarda al passato ma non guida la terapia successiva. È vero che l'attenzione principale della CBT è sul presente. Tuttavia, ciò non significa che il passato venga ignorato. È necessario comprendere i problemi nel contesto del passato e del presente. È il motivo per cui la valutazione implicherà sempre la comprensione della storia personale.

L'obiettivo della CBT è spostare i pensieri negativi in pensieri positivi

La CBT presta attenzione ai modelli stimolanti di pensieri negativi. Per questo motivo, ci sono persone che pensano che la CBT chieda solo alle persone di pensare in modo positivo ai loro problemi. La terapia incoraggia i clienti a guardare alla propria vita in modo realistico oltre a esplorare modi di pensare più utili e flessibili. Quando qualcuno ha pensieri negativi su qualsiasi situazione, potrebbe avere ragione. La loro relazione con il partner potrebbe essere disfunzionale o il loro lavoro potrebbe essere davvero terribile. La CBT può aiutarti a determinare, accettare e abbracciare pensieri, sensazioni e sentimenti spiacevoli e piacevoli. Troverai modi alternativi e utili per prenderti cura delle esigenze della vita.

La CBT è strutturata; Non c'è spazio per parlare di problemi

È completamente sbagliato. La CBT fornisce sempre spazio all'interno delle sessioni in modo che tu possa parlare di tutto ciò che desideri. I clienti sono sempre incoraggiati a portare il loro materiale durante le sessioni. Il contenuto fornito dai clienti può aiutare nel successo della terapia. Potrebbe essere necessario completare compiti CBT strutturati. Ma il processo complessivo non è affatto strutturato. A meno che non ti apra riguardo ai tuoi problemi, la CBT non può aiutarti.

La CBT Ignora le Emozioni

Ci sono persone che credono che i terapisti che praticano la CBT tendano a ignorare le emozioni e a concentrarsi solo sui comportamenti e sui pensieri dei clienti. È vero che gli interventi nella terapia cognitivo-comportamentale sono incentrati sull'alterazione di comportamenti e pensieri. Ma le emozioni risultanti dai comportamenti e dai pensieri sono importanti per il processo. Un terapista CBT proverà a stabilire connessioni tra emozioni, comportamenti e pensieri. I pensieri che hai che portano alle tue emozioni informano i comportamenti e le azioni, che a loro volta si traducono in più comportamenti, sentimenti e pensieri. Un terapista potrebbe entrare in questo ciclo in qualsiasi momento e fornire suggerimenti su come optare per cambiamenti positivi. A volte potrebbe essere più semplice vedere le emozioni manifestate e iniziare gli interventi proprio da lì.

Capitolo 10: Affrontare la Fobia Sociale e Raggiungere la Crescita Personale

Ci sono persone che tendono a confondere la timidezza o l'introversione con l'ansia sociale. Tuttavia, la fobia sociale o l'ansia sociale è un problema di salute mentale che necessita di un trattamento professionale. L'ansia sociale generalmente comporta sentimenti persistenti ed eccessivi di nervosismo, preoccupazione e paura. Tali sentimenti spesso si manifestano in tutti i tipi di contesti sociali o anche al pensiero di situazioni sociali. Per essere più specifici, una persona che soffre di fobia sociale potrebbe:

- Credere che faranno qualcosa per mettersi in imbarazzo
- Fissarsi sul modo in cui le altre persone li percepiscono
- Supporre che gli altri rideranno o li rifiuteranno mentre cercano di fare nuove amicizie
- Sentirsi a disagio con le altre persone
- Notare i sintomi dell'ansia in contesti sociali

Nel caso in cui pensi di aver riscontrato uno di questi segnali, potresti chiederti se contattare un terapista può aiutarti. Non c'è dubbio che la terapia possa avere enormi benefici per la fobia sociale. L'opzione di trattamento che può essere la più efficace dipenderà dai requisiti terapeutici e dai sintomi unici. Tuttavia, la CBT è uno degli approcci migliori e più comuni che può fare un'enorme differenza. La CBT può insegnarti a determinare particolari emozioni, pensieri e comportamenti che tendono ad alimentare la tua angoscia. Proprio da qui, puoi iniziare a esplorare tutti questi sentimenti e riformularli in convinzioni utili.

Obiettivi della CBT per la fobia sociale

L'obiettivo principale della CBT è determinare credenze irrazionali e modelli di pensiero seguiti sostituendoli con altri realistici. I tuoi comportamenti, emozioni e pensieri sono tutti collegati. Man mano che riesci a identificare i pensieri inutili, puoi facilmente modificare il modo in cui ti comporti e ti senti. Durante il processo terapeutico, dovrai lavorare su varie aree problematiche, come:

- Come essere assertivo
- Convinzioni negative che nutri riguardo alla tua autostima e alle tue capacità
- Essere più realistico e affrontare il perfezionismo
- Imbarazzo, senso di colpa o rabbia per situazioni passate
- Convinzioni errate di essere giudicato
- Affrontare la procrastinazione legata alla fobia sociale

Le sessioni di terapia CBT potrebbero sembrare una relazione studente-insegnante. Il tuo terapista svolgerà il ruolo di insegnante, delineerà i concetti e ti assisterà nel percorso verso la scoperta di te stesso. Inoltre, riceverai dei compiti a casa che possono essere considerati la chiave per fare progressi.

Come Può Aiutare la CBT

Per dirla in parole semplici, l'ansia sociale include il desiderio di accettazione. Vuoi piacere agli altri e lasciare un'impressione positiva in tutte le tue interazioni. Ma allo stesso tempo, credi che finirai per fare qualcosa che ti metterà in imbarazzo, attirando critiche e attenzioni negative. Per questo motivo, cerchi di evitare tutte queste interazioni. Quando ciò non è possibile, tendi a fissarti su ciò che gli altri potrebbero pensare e su ciò che provano per te. Pensieri ansiosi di questo tipo possono portare a farti arrossire, sudare, avere vertigini o nausea. In effetti, potresti avere difficoltà a mantenere il contatto visivo o a parlare a voce abbastanza alta.

Si può dire che qualsiasi tipo di situazione che implichi l'interazione con gli altri potrebbe rivelarsi ansiogena. Ad esempio, chiedere indicazioni stradali, acquistare generi alimentari,

chiamare il proprietario e così via. La CBT per la fobia sociale si concentra sull'esame e sull'alterazione dei comportamenti che guidano l'autocoscienza, l'evitamento e i sintomi fisici che si verificano. La CBT può aiutare a conoscere e riconoscere modelli di pensieri distorti e a riformularli in modo più realistico.

- "Mi sembro così goffo" può diventare "Quasi nessun altro si è vestito bene; tuttavia va bene così. Ho un bell'aspetto."
- "Sono noioso" può diventare "Non sono sicuro di cosa parlare, ma posso fare alcune domande per continuare la conversazione".
- "Tutti aspettano che io rovini tutto" può diventare "Tutti sembrano essere attenti. Sono davvero felice di aver lavorato duro su questa presentazione."

La CBT può insegnarti abilità di coping in modo che tu possa gestire tutti i tuoi sentimenti ansiosi e i sintomi fisici che generalmente emergono in contesti sociali. Le tecniche della CBT possono aiutarti a essere più calmo in questo momento. Imparerai come affrontare gli errori con garbo, come pronunciare il nome di una persona in modo sbagliato, senza lasciarti sopraffare.

Tecniche comuni di CBT

La CBT tratta la fobia sociale con l'aiuto di varie tecniche. Tuttavia, la CBT per la fobia sociale non coinvolgerà tutte le strategie. Ci sono terapisti che trattano la fobia sociale negli adulti con l'aiuto del modello cognitivo di Clark e Wells. In questo modello, le situazioni sociali portano a credenze e presupposti negativi che una persona ha su se stessa. Tali convinzioni potrebbero innescare un senso di pericolo, che finisce per innescare una risposta ansiosa. La risposta potrebbe comportare:

- Spostamento del focus interiore
- Comportamenti evitanti, come evitare conversazioni, evitare il contatto visivo o essere d'accordo con tutti
- Sintomi emotivi e fisici dell'ansia

Il tuo terapista potrebbe utilizzare alcune delle seguenti tecniche in modo che tu possa affrontare la risposta ed essere in grado di navigare negli ambienti sociali in modo produttivo.

Psicoeducazione

Conoscere meglio gli aspetti psicologici dell'ansia sociale può aiutarti a capire come le convinzioni che ti fanno evitare gli ambienti sociali tendono a limitarti. Inoltre, puoi scoprire come le convinzioni possono peggiorare la tua fobia sociale. Il tuo terapista CBT potrebbe:

- Spiegare come funziona la terapia per la riduzione dell'ansia
- Offrire rassicurazioni sul fatto che i sintomi sono aspetti normali della fobia sociale e sono curabili
- Fornire ulteriori informazioni su alcune strategie e la loro efficacia

Desensibilizzazione Sistematica

È un approccio alla terapia espositiva che può aiutarti ad affrontare le situazioni sociali, a cominciare da quelle che tendono a suscitare la maggiore quantità di ansia. Non affronterai le tue paure senza una strategia. Imparerai anche varie tecniche di rilassamento come parte della desensibilizzazione sistematica. Al primo sguardo di paura o preoccupazione, puoi optare per una delle tecniche per radicarti e calmare le tue emozioni. Se sai che conversare con gli altri è una paura di basso livello, puoi iniziare salutando la persona seduta accanto a te. Quando senti il battito del cuore accelerare, puoi fare alcuni respiri profondi e lenti finché non ti senti più calmo. Dopo alcuni giorni sarai in grado di salutare gli altri senza bisogno di respirare profondamente.

Ristrutturazione Cognitiva

È una tecnica che incoraggia i pazienti a valutare adeguatamente le loro distorsioni cognitive che tendono a manifestarsi nei contesti sociali. Ciò potrebbe includere:

- Ignorare qualsiasi filtraggio positivo o mentale
- Catastrofizzare
- Ipergeneralizzare
- Credere che le tue emozioni siano vere o ragionamento emotivo
- Pensiero tutto o niente

Identificare tali modelli imprecisi e inutili è un primo passo necessario nella direzione della loro ristrutturazione. Il tuo terapista CBT potrebbe guidarti attraverso alcune situazioni immaginarie o qualcosa che è realmente accaduto. Ciò ti aiuterà a ottenere maggiori informazioni riguardo ai modelli di pensieri distorti. Da qui puoi iniziare a identificare modi di pensare alternativi. La ristrutturazione non implicherà alcun tipo di pensieri di sostituzione eccessivamente positivi. Cerca di promuovere modi di pensare realistici e neutrali. Ad esempio: "Potrebbero esserci alcune persone a cui non piacerò, ma va bene così".

Esperimenti Comportamentali

Lo scopo principale degli esperimenti è raggiungere due obiettivi.

- Metti alla prova e controlla le convinzioni negative su te stesso insieme alle previsioni dello scenario peggiore
- Determina comportamenti di sicurezza inutili e automonitoraggio
- Supponiamo che tu abbia intenzione di andare a una festa. Ma temi di poter dire qualcosa di imbarazzante. Inoltre, hai paura che nessuno ti parli. Sperimentare potrebbe includere andare a una festa e conversare con alcune persone, invece di restare negli angoli ed evitare conversazioni. Nella sessione successiva, il tuo terapista CBT ti chiederà se tutto ciò che avevi previsto si è effettivamente verificato. Un terapista potrebbe optare per la registrazione di esercizi di gioco di ruolo in terapia in modo che tu possa rivedere il video e scoprire come ti trovi nelle situazioni sociali.

Formazione sull'Attenzione

La strategia prevede di imparare a riportare tutta la tua attenzione sugli altri. Concentrarsi su te stesso potrebbe aiutarti a monitorare tutte le tue azioni, pensieri e parole. Tuttavia, potrebbe anche escludere la vera reazione delle altre persone, il che potrebbe rafforzare tutte le percezioni negative di sé.

Mantenendo la concentrazione sulle altre persone durante le conversazioni e altre interazioni, può aiutarti a concentrarti su come reagiscono a tutto ciò che hai da dire. Potresti scoprire che non si accorgono nemmeno di tutte quelle cose per cui ti senti in ansia.

Terapia Online per la CBT

La CBT basata su Internet potrebbe anche essere efficace per trattare i sintomi della fobia sociale. Con l'aiuto di tutti questi programmi, puoi utilizzare un telefono o un computer per praticare le tecniche della CBT. In base al programma, potresti lavorare con un allenatore o un terapista oppure svolgere tutti gli esercizi da solo. Tale forma di terapia potrebbe essere l'ideale quando:

- I sintomi sono piuttosto gravi e il pensiero di parlare faccia a faccia con un professionista tende a essere opprimente
- Non è possibile trovare un terapista locale che possa offrire la CBT per la fobia sociale
- Qualcuno si sente più a suo agio lavorando da solo invece che con un trattamento di persona

Capitolo 11: Comprendere le Paure e Superarle

Ci sono persone che adorano semplicemente guardare film horror, divertirsi decorando la propria casa per Halloween in modo spettrale e leggere libri spaventosi. Ad Halloween i riflettori sono puntati sull'emozione della paura e dell'essere spaventati. Tuttavia, la cosa divertente è che la maggior parte delle persone non teme i goblin, i vampiri o i mostri. La maggior parte delle persone affronta la paura del rifiuto, la paura del fallimento e la FOMO o paura di perdere qualcosa nella propria vita quotidiana. È vero che la paura è qualcosa che può impedirci di raggiungere il nostro vero potenziale. Può impedirti di vivere la migliore vita possibile. Potremmo temere oggetti, persone o situazioni. Mentre cerchiamo di evitare tutti questi fattori scatenanti, potremmo affrontare difficoltà nella vita di tutti i giorni e anche nel perseguimento degli obiettivi.

La paura è un'emozione piuttosto potente che tende a essere istigata dalla minaccia o dal pericolo percepiti. Le emozioni possono causare cambiamenti comportamentali e fisiologici distinti. In effetti, è abbastanza potente da innescare altri tipi di emozioni come tristezza, vergogna e rabbia. Per rispondere all'emozione, potresti reagire affrontando la minaccia percepita o evitandola completamente. È nota come risposta di lotta o fuga. La risposta potrebbe innescare sintomi fisici come mani sudate e tremanti, aumento della frequenza cardiaca, minzione frequente e sensazione di stordimento. Tutti questi sentimenti potrebbero peggiorare la sensazione di ansia e potresti sentirti come se fossi in pericolo fisico o malato.

La Paura e il Suo Scopo

La paura può essere un'emozione molto utile. È il modo in cui funziona il corpo che ci dice che potrebbe esserci una minaccia per il nostro benessere o la nostra sicurezza. Sebbene la paura possa essere una risposta sicura e salutare in varie situazioni, ci sono anche momenti in cui una risposta alla paura non è molto utile. In tutte queste situazioni, la paura potrebbe impedirti di avere importanti esperienze di vita. Ad esempio, la paura del rifiuto può impedirti di sostenere il colloquio di lavoro che desideri. Le paure legate all'ansia sociale potrebbero impedirti di conoscere nuove persone e sviluppare nuove relazioni. Una paura conflittuale potrebbe rivelarsi un ostacolo nel difendersi in determinati contesti ingiusti.

Abbiamo già discusso del fatto che una fobia è una paura eccessiva e persistente nei confronti di una situazione o di un oggetto particolare. Tutti coloro che soffrono di fobie possono fare qualsiasi cosa per evitare l'oggetto della paura. Potrebbero provare angoscia quando non riescono a evitare il fattore scatenante. Ad esempio, l'agorafobia fa sì che le persone evitino le attività quotidiane come andare a fare la spesa o in banca. L'idrofobia può impedire alle persone di andare in spiaggia.

CBT per la Gestione della Paura

Sappiamo già che la CBT si concentra sulla sfida di schemi di pensiero, distorsioni cognitive e convinzioni inutili. La CBT può incoraggiarti ad affrontare tutte le tue paure con l'aiuto del trattamento dell'esposizione. È stato dimostrato che è molto efficace nei pazienti che soffrono di ansia sociale e fobie estreme. La terapia espositiva aiuta i pazienti a salire la scala della paura esponendosi al fattore scatenante o all'oggetto della paura in piccoli incrementi.

Ad esempio, un paziente che ha paura dei ragni potrebbe iniziare guardando le immagini dei ragni e poi iniziare lentamente a guardare i video. Mentre si preparano, possono provare a vedere a distanza un ragno in uno spazio chiuso. Con il tempo ridurranno il divario tra loro e il recinto. Un giorno potrebbero arrivare al punto di maneggiare un ragno con le mani. Naturalmente, ciò avviene per un lungo periodo e anche ad un certo ritmo che una persona può tollerare. Nel caso in cui le esposizioni risultino eccessive, potrebbero finire per avere un effetto controproducente.

Allo stesso modo, le persone che soffrono di ansia sociale possono salire la scala della paura sorridendo a qualche persona sconosciuta mentre vanno al lavoro nelle fasi iniziali. Successivamente, possono iniziare lentamente a conversare con gli altri al lavoro. Un giorno, potrebbero acquisire abbastanza sicurezza per perseguire un interesse romantico. È stato scoperto che quando qualcuno affronta sistematicamente e deliberatamente le proprie paure, i sintomi di ansia diminuiscono con il tempo.

Sfidare i Pensieri Negativi

La CBT può affrontare la paura incoraggiando i pazienti a sfidare le loro distorsioni cognitive e i loro pensieri. Supponiamo che tu abbia paura di uscire per allenarti perché pensi che gli altri rideranno di te. La CBT ti farà fermare e sfidare quel pensiero. Perché pensi che gli altri rideranno di te? Non sarebbero troppo impegnati nella loro frenetica routine per darti una seconda occhiata? Sei una persona che ride degli altri mentre li vede allenarsi? Nel caso in cui qualcuno rida di te, cosa dice di quelle persone?

Mentre ti poni tutte queste domande, con il tempo potresti iniziare a notare che la maggior parte delle cose che temi non si avvereranno mai. Inoltre, potresti scoprire che alcune paure non sono nemmeno logiche e non hanno radici nella realtà. Sarà anche evidente che, nella maggior parte dei casi, i sentimenti ansiosi sono più intensi dell'esperienza di affrontare la paura. Avendo questa conoscenza, col tempo potrai avere meno paura. Diventerai più propenso a intraprendere le azioni richieste anche quando hai paura.

Evitare il Pensiero Estremo

Quando dici a te stesso che le cose sono orribili, terribili o insormontabili finirai solo per aumentare l'ansia. Dovrai ricordare a te stesso che certe cose sono davvero terribili. Puoi classificare gli eventi come sfortunati, brutti, spiacevoli o scomodi, ma mai come "la fine del mondo". Il pensiero estremo può provocare reazioni emotive estreme. Se etichetti erroneamente qualsiasi evento negativo come orribile, diventerai estremamente ansioso per eventi non estremi, come un piccolo imbarazzo pubblico.

Pensare Realisticamente agli Eventi Negativi

Se soffri di qualsiasi tipo di problema di ansia, è molto probabile che trascorri molto tempo a preoccuparti delle cose brutte che potrebbero accadere a te o ai tuoi cari. Più presti attenzione agli eventi negativi e pensi a cose brutte, maggiori saranno le tue possibilità di credere che accadano realmente. Dimostrare che gli eventi negativi non accadranno non è affatto facile. Tuttavia, puoi sempre riconoscere che sopravvaluti la probabilità che accadano cose brutte. Dovrai pensare nel modo giusto in modo da poter controbilanciare la tendenza.

L'atteggiamento di controbilanciamento è simile alla guida di una bicicletta con il manubrio spostato a destra. Se vuoi sterzare dritto, dovrai tirare il manubrio verso sinistra. Se sei una persona che continua a immaginare il peggio, puoi correggere i tuoi pensieri dando per scontato che le cose andranno bene.

Togliere la Paura dalla Paura

Quando senti persone dire: "Non c'è niente di cui preoccuparsi, è solo ansia", la parola "solo" implica che l'ansia non è altro che un'esperienza lieve. Ma non è così. In effetti, l'ansia può rivelarsi un'esperienza profonda con sensazioni mentali e fisiche eccessive. Ci sono persone ansiose che tendono a interpretare erroneamente tutti questi sintomi fisici come segni di pericolo imminente. Comprendere i sintomi comuni dell'ansia può aiutare qualcuno a smettere di aumentare la propria ansia interpretando erroneamente le sensazioni naturali come pericolose. Non c'è dubbio che l'ansia sia un'esperienza disturbante e spiacevole. Ma cercare di valutare l'ansia come insopportabile o credere di non poterla sopportare non farà altro che aumentare l'impatto emotivo. Potrebbe essere intenso a volte, ma è sicuramente temporaneo.

Puoi Vincere Senza Combattere

Quando provi a controllare la tua ansia, puoi diventare ancora più ansioso per un periodo più lungo. Potresti chiederti: "Affrontare tutte le mie paure ha senso; tuttavia, cosa fare quando mi sento ansioso? La risposta è semplice: niente. Tollerare e accettare l'ansia mentre affronti deliberatamente le tue paure può effettivamente garantire che l'ansia svanisca rapidamente. Nel caso in cui la tua ansia sia più generalizzata, puoi relegarla nel dimenticatoio della tua mente. Continua a svolgere le banali attività quotidiane e lascia che l'ansia si esaurisca. Puoi assumere l'atteggiamento: "Posso facilmente funzionare e finire ciò che è necessario fare anche se mi sento ansioso". In termini semplici, meno ti concentri su di essa, meno la tua mente sentirà di avere un altro problema di cui occuparsi. Così potrai sentirti meno stressato.

Quando sei sicuro che la tua ansia non svanirà da sola, anche senza fare nulla, puoi testarla. Prova ad affrontare una situazione che provoca ansia da cui tendi a mantenere le distanze, come viaggiare su treni affollati, usare un ascensore, ecc. Rimani nella situazione e permetti all'ansia di continuare a fare il suo effetto. Non optare per una soluzione che possa fartela passare. Resta semplicemente dove sei e abbraccia l'ansia. Puoi pensare all'ansia come alle onde che si infrangono sulla spiaggia e permettono alle onde di ridursi fino a trasformarsi in un'increspatura. Con il tempo, la tua ansia scomparirà. La prossima volta che affronterai il fattore scatenante, non diventerai ansioso.

Affrontare le Paure

Quando affronti deliberatamente le tue paure, la tua ansia risulterà meno grave. Si ridurrà più velocemente ad ogni esposizione. Si può dire che maggiore è l'esposizione che ottieni, meglio sarà per te. Quando affronti le tue paure per la prima volta, prova a ripetere l'esposizione almeno ogni giorno. Dovrai mirare a un'esposizione gestibile. È necessario affinché tu possa affrontare le tue paure e anche dominarle. Nel caso in cui le tue paure si rivelassero travolgenti, potresti provare a scappare o optare per comportamenti di sicurezza o di evitamento. Il lato opposto della scelta di un'esposizione travolgente è prendere tutto con delicatezza. Può rallentare i progressi. Quindi, dovrai mantenere un equilibrio tra gli estremi. Mentre ti prepari ad esposizioni delicate, finirai per rafforzare l'idea che l'ansia è qualcosa di insopportabile e che deve essere evitata.

Capitolo 12: Affrontare Vari Tipi di Fobie

La paura è una reazione naturale nell'essere umano. Si può dire che ciò sia dovuto alla paura che gli esseri umani siano riusciti a sopravvivere nel corso della storia. Non c'è dubbio che la paura sia stata parte integrante della sopravvivenza e dell'evoluzione, anche quando non è necessario combattere con gli animali selvatici per sopravvivere. Ma mentre è naturale provare paura verso situazioni o oggetti specifici, le cose potrebbero sfuggire di mano. La paura può trasformarsi facilmente in fobia. La paura può trasformarsi in fobia quando la risposta fisica e mentale a qualcosa che non ha alcuna probabilità di causare danni si rivela così debilitante e irrazionale da interferire con la vita quotidiana.

Le fobie possono essere considerate come una risposta di paura irrazionale verso certe cose che hanno poche o zero possibilità di causare danni. Generalmente si sviluppano durante l'infanzia e si trascinano nell'età adulta. Sebbene un individuo che soffre di fobia sia consapevole che la paura che prova è irrazionale e che l'oggetto o la cosa non rappresenta una minaccia, il suo ragionamento gli impedisce di superare la fobia. Per alcune persone, le loro fobie potrebbero non essere abbastanza gravi da richiedere un trattamento, in particolare se riescono a stare lontano dallo stimolo temuto. Ma in altri casi, le fobie potrebbero essere abbastanza potenti da compromettere il funzionamento di una persona insieme al suo benessere.

È Possibile Curare la Fobia?

Le opzioni di trattamento comuni per le fobie includono ansiolitici, antidepressivi, terapia psicodinamica e CBT. La CBT può aiutare le persone con fobie a minimizzare, gestire ed eliminare meglio paure e fobie. Poiché particolari fobie sono profondamente radicate nelle convinzioni disfunzionali di una persona, la CBT può funzionare al meglio. Questo perché la CBT si concentra sull'alterazione dei modelli di pensiero.

Fobie Comuni Trattate dalla CBT

Diamo un'occhiata ad alcune delle fobie più comuni e a come la CBT può aiutare a trattarle.

Aracnofobia

È la paura dei ragni e degli aracnidi. L'aracnofobia è una delle fobie più comuni. Sebbene sia comprensibile il motivo per cui molte persone hanno paura degli scorpioni e dei ragni perché potrebbero essere velenosi, le persone che soffrono di questa fobia sperimentano una paura più intensa rispetto ad altri. Una semplice immagine o la vista di un ragno può essere considerata sufficiente per paralizzarli dalla paura. I terapisti considerano l'aracnofobia irragionevole poiché esistono solo poche specie di aracnidi velenose. Tuttavia, le persone con questa fobia si bloccano quando incontrano un ragno innocuo. La terapia di desensibilizzazione e la terapia dell'esposizione sono le tecniche CBT comuni per affrontare l'aracnofobia.

La terapia di esposizione e la terapia di desensibilizzazione includono l'esposizione sistematica di una persona allo stimolo temuto finché non riesce a gestire l'angoscia in un modo migliore. Le terapie possono aiutare una persona con una fobia ad avere meno paura dello stimolo. Puoi superare qualsiasi tipo di paura con l'aiuto di esercizi di esposizione.

- Inizia pensando a un ragno e fai del tuo meglio per resistere alla risposta di paura, come piangere, agitarsi, urlare, ecc.

- Se ti sembra difficile, puoi calmarti con l'aiuto della meditazione o ripetendo affermazioni come "È solo un pensiero" o "Sono al sicuro".
- Continua a farlo per almeno cinque minuti.

Continua a ripetere il processo ogni giorno e aumenta lentamente il tempo di esposizione. Dovrai continuare a farlo finché non ti sentirai abbastanza a tuo agio da guardare l'immagine di un ragno. Una volta finito, puoi provare a vedere un ragno proprio di fronte a te. Dovrai evitare tutti i tipi di risposte di paura e calmarti. Prova a parlarne tu stesso. Cerca di razionalizzare la paura finché non riesci a convincerti che non c'è nulla di cui aver paura.

Aerofobia

È una sorta di fobia che può impedire alle persone di viaggiare in aereo, facendogli perdere vacanze fantastiche o addirittura opportunità di carriera. L'aerofobia è la paura di volare. La CBT è spesso considerata una soluzione efficace per il trattamento dell'aerofobia. Con l'aiuto della CBT, puoi disimparare le tue risposte disadattive all'altezza. La desensibilizzazione e la terapia espositiva possono funzionare davvero bene per l'aerofobia. Ma esiste un'altra tecnica della CBT che può essere utilizzata per superare la paura di volare. È noto come interrogatorio socratico. È una tecnica che può aiutare nella valutazione di quanto siano utili e accurate le paure nella vita reale.

- Dovrai iniziare menzionando ciò che senti o affermando ciò in cui credi, come "Ho paura di volare" o "Non posso sedermi sugli aerei".
- Ora, sfida la convinzione chiedendoti "Perché?" e assicurati di rispondere con totale onestà. Assicurati di non

accontentarti del "Solo perché" o del "Non sono a conoscenza del motivo". È necessario arrivare al motivo vero e proprio. Potrebbe essere qualcosa come preoccuparsi che possano verificarsi delle turbolenze, che l'aereo possa schiantarsi e così via.

- Il passo successivo è razionalizzare la paura. Puoi farlo dicendo: "Parlando statisticamente, la probabilità di avere un incidente aereo è una su undici milioni" oppure "I miei cari viaggiano sempre in aereo. Non è mai successo loro niente di brutto.

Quando capirai che ciò di cui hai paura non è affatto giustificato, diventerà più facile per te viaggiare in aereo. Più viaggerai in aereo, meno nervoso sarai.

Acrofobia

È un tipo di fobia che potrebbe rivelarsi piuttosto distruttiva per tutti coloro che hanno spesso a che fare con l'altezza, come guardare fuori dalla finestra dell'appartamento, lavorare in un grattacielo, ecc. La CBT può essere utilizzata per il trattamento di acrofobia. Semplicemente affrontando le paure profonde di una persona e modificando il suo modo di pensare riguardo all'altezza, la CBT può aiutare le persone che soffrono di acrofobia.

- Inizia rilassandoti e schiarendo la mente meditando o ascoltando musica tranquilla.
- Ora, prova a pensare a te stesso in un luogo elevato, come una collina che domina una vista superba. È necessario stare calmo mentre lo fai. Nel caso in cui ti accorgi di diventare ansioso mentre lo fai, calmati. Prova a parlarne ad alta voce.
- Puoi ripetere affermazioni positive, come "Mi sento calmo e non ho paura dell'altezza" o "Mi sento sicuro".

- Quando inizi a sentirti a tuo agio, prova a spostarti più in alto. Ma fallo lentamente.
- Ora è il momento di applicare lo stesso nella vita reale. Pensa a te stesso mentre sei in ascensore o guardi dalla finestra del tuo appartamento.

In caso di panico, fai respiri profondi e rilassa il corpo. Prova a ripetere la stessa cosa una volta che ti rilassi.

Cinofobia

È la paura dei cani. La cinofobia è piuttosto difficile da affrontare senza un trattamento adeguato, poiché sicuramente conoscerai persone con cani da compagnia e incontrerai cani negli spazi pubblici. La fobia può renderti difficile il corretto funzionamento della vita quotidiana e impedirti di uscire per strada con i cani e di trascorrere del tempo con i proprietari di cani. Alcuni casi di questa fobia tendono a svilupparsi da una sorta di esperienza traumatica vissuta in passato, ovvero essere stati inseguiti o morsi da un cane. Ma è stato riscontrato che la maggior parte delle persone con questa fobia non ha mai avuto un incontro diretto con un cane. Si ritiene che la cinofobia possa essere radicata nel pensiero negativo di una persona. La fobia potrebbe anche svilupparsi da idee sbagliate sui cani o sul pericolo che rappresentano. Similmente ad altri tipi di fobia, la cinofobia può essere trattata con l'aiuto della terapia espositiva.

- Inizia rilassando la mente e il corpo. Fai respiri profondi.
- Ora inizia a pensare ai cani. Assicurati di non passare al passaggio successivo a meno che non ti senti a tuo agio pensando ai cani senza paura. Nel caso in cui inizi a farti prendere dal panico, calmati e parlane.

- Prova a immaginare un cane: il suo pelo, le zampe, l'abbaio e così via.
- Quando ti senti abbastanza a tuo agio, prova a guardare le foto dei cani mentre mantieni la calma.
- Una volta che ti senti abbastanza a tuo agio e pronto, visita un negozio di animali e dai un'occhiata ai cani.
- L'ultimo passo è provare ad accarezzare un cane o avvicinarsi ad un cane senza spaventarsi.

Tripanofobia

È una paura estrema delle iniezioni e degli aghi. La fobia può essere riscontrata in gran parte nei bambini e generalmente diminuisce man mano che crescono. Ma alcuni adulti rimangono ancora paralizzati semplicemente alla vista degli aghi. La maggior parte delle persone con questo tipo di fobia tende a credere che non sia necessario trattare la fobia. Quindi cercano di evitare ospedali, medici e procedure mediche. Potrebbe portare a trascurare i problemi di salute e la salute generale. Ci sono persone che tendono ad avere una lieve tripanofobia e possono sottoporsi alle iniezioni. Tuttavia, sarebbero comunque preoccupati e ansiosi. Potrebbero sperimentare un attacco di panico o svenire. Per trattare questa fobia, la CBT suggerisce una terapia di esposizione e desensibilizzazione insieme a un allenamento alla consapevolezza. L'allenamento alla consapevolezza è una strategia che può aiutarti a riportare la tua attenzione sul momento presente. Impedisce efficacemente alle persone di pensare troppo o di sentirsi sopraffatte quando si spaventano.

- Cerca di trovare un posto tranquillo e sicuro dove rilassarti.
- Ora chiudi gli occhi e concentrati su come respiri.

- Puoi anche optare per affermazioni positive in modo da poterti calmare più velocemente, come "Non ho paura" o "Sono coraggioso".
- Cerca di calmarti prestando attenzione alla quiete dell'ambiente circostante e ascoltando il battito del cuore.
- La prossima cosa che dovrai fare è determinare le emozioni mentre pensi di farti iniettare una siringa.
- Cerca di valutare le emozioni in modo obiettivo. Pensi che siano giustificate?

Capire da solo che la tua paura non è affatto razionale può aiutarti a riprendere il controllo sul tuo comportamento, sui tuoi sentimenti e pensieri.

Astrafobia

La paura dei fulmini e dei tuoni si chiama astrafobia. È una sorta di fobia che potrebbe rivelarsi piuttosto stressante durante i temporali. In casi estremi, anche una pioggia leggera o un cielo che si oscura potrebbero essere sufficienti per scatenare il panico in tutti coloro che soffrono di questa fobia. Le persone che soffrono di questa fobia potrebbero diventare ossessionate dal meteo sprecando molte energie e tempo per tenerne traccia ogni giorno. Sapete che l'astrafobia può impedire a chi ne soffre di uscire di casa al semplice segno di pioggia? Ci sono persone che finiscono per nascondersi nell'armadio quando vedono lampi o sentono un tuono. Alcune persone sono così convinte di essere colpite da un fulmine che usciranno di casa in caso di maltempo. L'astrafobia può essere trattata con l'aiuto della CBT semplicemente praticando alcuni passaggi.

- Devi essere consapevole di tutte le tue risposte alla paura. Nota quando inizi a diventare ansioso. Concentrati sui sintomi come respiro pesante, battito cardiaco accelerato, ecc.

- Cerca di gestire la tua ansia con l'aiuto di tecniche di rilassamento come esercizi di respirazione, meditazione, yoga, ecc.
- Permetti alle tue emozioni di travolgerti. È necessario distaccarsi da tutti loro. Inoltre, cerca di rassicurarti che sei completamente al sicuro e che non subirai alcun danno.

Le fobie sono spesso considerate una delle malattie mentali più comuni che si possono riscontrare in tutto il mondo. Ma le fobie sono anche una delle malattie mentali più facili da trattare con l'aiuto della CBT. Tecniche come le domande socratiche, l'allenamento alla consapevolezza e la terapia espositiva sono alcune delle opzioni di trattamento che puoi adottare per curare la tua fobia. Mentre continui a praticarle, puoi capire la migliore che funziona per te e liberarti lentamente della fobia. La radice della fobia può essere trovata nella tua mente, ed è da lì che tutto ha inizio. Nel momento in cui puoi mettere in discussione le tue paure e determinare se sono giustificate, vedrai che la maggior parte di esse sono infondate.

Capitolo 13: Strategie Auto-Calmanti della CBT

Ansia e stress sono realtà con cui tutti noi prima o poi dobbiamo fare i conti. Il modo in cui qualcuno si sostiene attraverso questo può fare la differenza. Se trovi difficile calmarti, hai il sistema nervoso carico o soffri di traumi irrisolti, puoi ottenere aiuto da questa sezione. Tieni presente che problemi come il disturbo da stress post-traumatico sono di natura complessa e non possono essere risolti solo con l'auto-consolazione. L'auto-calma è più simile a una tecnica complementare con la quale puoi mantenerti in equilibrio. Tuttavia, ciò non aiuterà ad arrivare alla radice del problema.

Cos'è l'Auto-Calma?

È un compito di sviluppo fisico, psicologico, emotivo e biologico che ogni persona deve apprendere durante la crescita. In termini semplici, l'auto-calma è la capacità di calmarsi subito dopo aver vissuto qualcosa di stressante. Ci sono esperti dell'infanzia che credono che l'auto-consolazione dovrebbe avvenire già da bambini. Altri esperti ritengono che non sia possibile per un bambino sviluppare tecniche di auto-calma e debba essere modellato dai genitori.

Segni che hai bisogno di auto-calma
Ecco alcuni dei segnali che possono dirti di aver bisogno di auto-calma.

- Vivi una vita frettolosa e frenetica
- Hai l'abitudine di preoccuparti di tutto
- Hai attacchi di panico
- Non puoi rallentare

- Hai l'abitudine di pensare troppo
- L'ansia non ti lascia per tutta la giornata
- Il mondo esterno tende a sopraffarti
- Soffri di una sorta di trauma
- Rimani bloccato in cicli di pensiero ripetitivi
- Ti senti non supportato o non amato dagli altri
- Opti per nuove situazioni con paura invece che con curiosità
- Non puoi sentirti connesso con il tuo sé interiore

Tieni presente che l'auto-calma non funzionerà come per magia e non eliminerà tutti i sintomi sopra menzionati. Tuttavia, una cosa è certa: se continui a praticare l'auto-calma ogni giorno, puoi sperimentare diversi benefici. Ogni essere umano è diverso, ma ecco alcuni dei vantaggi dell'auto-consolazione.

- Sentirsi più sostenuti e supportati
- Maggiore capacità di rimanere in equilibrio
- Migliora l'attenzione e l'amor proprio
- Migliore connessione con il sé interiore
- Migliore capacità di essere consapevoli
- Meno ansia e stress
- Riduzione di malattie e disturbi fisici
- Migliore connessione con le tue prospettive e sentimenti
- Capacità di fermarsi e vedere il quadro più ampio

Pratiche di Auto-calma

Qui non troverai alcun tipo di meditazione o tecnica di visualizzazione. L'auto-calma è qualcosa che è necessario che avvenga in modo più naturale. Quindi, trova tutto ciò che funziona per te. Tieni presente che esistono tipi di auto-calma sani e malsani. Dovrai capire che non tutto ciò che ti fa stare bene ti fa bene. Non usare mai la scusa del relax per giustificare abitudini o comportamenti tossici che potrebbero danneggiare il corpo e la mente. Esempi comuni di pratiche auto-calmanti negative sono l'uso di alcol, le abbuffate di cibo, il gioco d'azzardo, lo shopping eccessivo, il continuo bisogno di spettacoli e così via. Puoi avere un'immagine di ciò che stiamo cercando di spiegare qui. Diamo un'occhiata ad alcune tecniche di auto-calma delicate e salutari che possono aiutare le persone che soffrono di disturbo da stress post-traumatico, ansia o altri tipi di problemi di salute mentale.

Auto-contenimento

Il termine potrebbe sembrare un po' fantasioso, ma tutto ciò che significa è abbracciarti forte. L'auto-contenimento è una pratica utilizzata per ancorare e calmare il sistema nervoso. Esistono diversi studi che dimostrano che gli abbracci fanno bene. Questo perché rilasciano ossitocina, nota anche come ormone del benessere. Gli autoabbracci possono essere altrettanto efficaci. Nel momento in cui inizi a sentirti ansioso o stressato o senti di essere sull'orlo di un tracollo, spostati in un posto tranquillo. Siediti e abbracciati. Concentrati veramente su cosa vuol dire ricevere un abbraccio e lascia che i sentimenti penetrino.

Incrociare le braccia, dondolati e respirare profondamente

Le persone che tendono a soffrire di disturbo da stress post-traumatico o di ansia hanno maggiori probabilità di sentirsi nel caos, perse, divise, fratturate, fatte a pezzi o distrutte. In tale stato, potrebbe essere difficile definire i bordi ed essere all'interno del tuo corpo. Quando vieni innescato da qualcosa che attiva intensamente il sistema nervoso, puoi adottare questa tecnica. Incrocia le braccia. Mentre lo fai, puoi provare la sensazione di essere contenuto. Dondolarsi può imitare la sensazione di essere accuditi tra le braccia dei genitori. Prova ad associarlo a una respirazione lenta e profonda. Ti sentirai lentamente rilassato e sarai in grado di calmare il tuo sistema nervoso.

Tecnica della Mano Delicata

Quando ti senti sopraffatto, nervoso o stressato, prova a chiudere gli occhi e concentrarti sul tuo corpo. In quale zona del corpo senti più forte la paura? Quando scopri l'area del corpo, appoggia delicatamente una mano su quell'area del corpo. Cerca di lenire quella zona come farebbe una madre con un bambino. La tecnica della mano gentile è più simile a una tecnica autogenitoriale che può funzionare bene oltre al lavoro interiore. Prova ad aspettare qualche secondo e presta attenzione alla tua mano appoggiata delicatamente sulla paura. Scoprirai che la tua ansia e la tua paura diminuiranno gradualmente dopo pochi minuti.

Muovi il tuo Corpo

Quando si verifica qualsiasi tipo di stress o ansia, nel corpo viene generata un'enorme quantità di energia che innesca la risposta di lotta o fuga. Per espellere parte dell'energia in eccesso, puoi mettere in movimento il tuo corpo. Puoi provare a saltare su e giù, fare una passeggiata all'aperto o fare jogging sul posto. Inoltre, puoi provare a espirare con l'aiuto della respirazione profonda.

Coperta Ponderata

Scegliere una coperta appesantita può essere un'ottima tecnica di auto-calma. Se sei una persona che ha difficoltà ad addormentarsi, cosa che spesso è accompagnata da disturbo da stress post-traumatico o ansia, puoi investire in una coperta ponderata. Le coperte ponderate funzionano mediante la stimolazione della pressione tattile profonda su tutto il corpo. Può aiutare a rilasciare nel cervello le sostanze chimiche della felicità necessarie per il rilassamento.

Un'altra tecnica che puoi optare è quella di indossare un giubbotto a pressione profonda. Viene utilizzato da tutti coloro che soffrono di autismo o di disturbi dell'elaborazione sensoriale. Puoi usarli se soffri di ansia. È un gilet che comprime strettamente il corpo, proprio come un abbraccio.

Automassaggio

Quando sei stressato, i tuoi muscoli si contraggono, poiché è così che il corpo entra in modalità lotta o fuga. Cosa succede quando la paura e l'ansia si rivelano lo sfondo della vita? La contrazione muscolare si evolve in tensioni muscolari profonde e nodi. Devi massaggiarli. Il massaggio può aiutare a sciogliere i muscoli, disintossicare il corpo, migliorare la circolazione sanguigna e rivitalizzare l'energia. Il massaggio prevede un tocco sotto pressione, che può aiutare a stimolare gli ormoni della felicità nel cervello, come la serotonina e la dopamina.

Altri Metodi Auto-calmanti

Tutti noi abbiamo momenti in cui tendiamo a sentirci fuori equilibrio. Avere la conoscenza di come auto-calmarsi può aiutare molto nei momenti di stress estremo. Nel caso in cui tu stia attraversando un momento difficile in questo momento, potrebbe sembrare che non ci sia nulla che possa essere fatto da parte tua se non aspettare che la tempesta si calmi. Il tuo corpo sta reagendo con una respirazione superficiale o un aumento della frequenza cardiaca, oppure la tua mente sta correndo. Ci sono varie cose che si possono fare per sentirsi meglio. Diamo un'occhiata ad alcune tecniche extra auto-calmanti che possono aiutarti ad affrontare l'ansia e lo stress.

Respirazione Profonda

Potrebbe davvero essere d'aiuto se potessi chiudere gli occhi per qualche minuto e optare per una respirazione profonda. La respirazione profonda aiuta ad attivare la risposta calmante del corpo:

- Liberando la mente
- Riducendo la tensione nei muscoli
- Diminuendo la pressione sanguigna e la frequenza cardiaca

Si consiglia di praticare la respirazione profonda per cinque minuti al giorno alla stessa ora, se possibile. Inspira attraverso il naso ed espira dalla bocca. Sgonfia lo stomaco contraendo gli addominali.

Ascoltare la Musica

Puoi trovare utile creare una playlist adeguata di musica rilassante che possa farti sentire meglio. Che tu balli per la stanza o guidi la tua macchina ascoltando la tua playlist preferita, la musica è uno strumento eccezionale per rilassarti. Uno studio ha scoperto che ascoltare musica classica per due mesi ogni giorno può avere un effetto terapeutico sulla mente delle persone che soffrono di ansia eccessiva.

Tecniche di Messa a Terra

Attivare tutti i tuoi sensi può aiutarti a sentirti radicato e riportare la tua attenzione al momento attuale. Ecco alcune ottime idee per le tecniche di messa a terra.

- Olio di lavanda diffuso
- Coccolare un animale domestico
- Bere una tazza di caffè o tè caldo
- Rilassamento muscolare progressivo
- Spruzzi d'acqua fredda sul viso
- Dormire con una coperta ponderata

Dialogo Interiore Positivo

Un dialogo interiore neutro e gentile può essere un ottimo strumento per calmarti. Dovrai parlare con te stesso in modo calmo e radicato, come il tuo custode avrebbe potuto parlarti ogni volta che avevi bisogno di cure. Ad esempio: "Noto che mi sento sopraffatto. Il mio battito cardiaco è aumentato. Mi sento radicato e calmo attraverso i miei piedi. In questo modo, non cercherai di uscire da un'esperienza spiacevole. Ma proverai a essere nel momento presente con tutto ciò che sta accadendo attualmente.

Capitolo 14: Tieni Traccia dei tuoi Progressi

Puoi monitorare i tuoi progressi con l'aiuto dell'automonitoraggio. L'automonitoraggio è una tecnica con cui i terapisti CBT insegnano ai clienti a raccogliere dati. Ai clienti viene chiesto di osservare e tenere traccia di obiettivi come le loro emozioni, pensieri, comportamenti e sensazioni corporee. Ad esempio, a una persona che soffre di depressione potrebbe essere chiesto di annotare cosa stava pensando o facendo prima di usare sostanze. Oppure a una persona che soffre di disturbo da stress post-traumatico potrebbe essere chiesto di tenere traccia dei flashback del trauma. Lo scopo principale della CBT è far comprendere alle persone il modo in cui ciò che fanno e pensano influisce su come si sentono.

Il processo complessivo di automonitoraggio può aiutare i pazienti ad apprezzare le connessioni tra pensieri, sensazioni corporee, emozioni, situazioni e le loro risposte. Puoi tenere traccia dei tuoi progressi oltre a determinare la tua preparazione per le varie fasi dell'intervento terapeutico.

Automonitoraggio in Terapia

È una pratica in cui ai pazienti viene chiesto di registrare obiettivi particolari. L'automonitoraggio è composto da due parti: registrazione e discriminazione. Al momento della discriminazione, i pazienti vengono addestrati a essere consapevoli dei fenomeni target determinandoli e notandoli nel momento in cui si verificano. Per molte persone, portare consapevolezza e attenzione a particolari sentimenti, emozioni o pensieri potrebbe essere difficile. Tuttavia, migliorare la consapevolezza dei comportamenti e dei sintomi è un aspetto essenziale della CBT.

La registrazione implica la documentazione di tutti i tipi di eventi. Progettare un documento può rendere la discriminazione un processo consapevole ed esplicito che può essere analizzato e rivisto. È anche un'indicazione che con l'aiuto della documentazione è possibile analizzare contesto o dettagli aggiuntivi. Quindi, può aiutare a migliorare la comprensione da parte del paziente di tutti i suoi sintomi. Sia la registrazione che la discriminazione sono abilità che devono essere affinate e apprese.

Perchè l'Automonitoraggio?

La CBT è più simile a una forma aperta di terapia in cui i pazienti sono partecipanti attivi e l'obiettivo è aiutarli a gestire le loro difficoltà. L'automonitoraggio è una forma semplice per introdurre i pazienti ad essere partecipanti attivi. Aiuta a sostenere la motivazione e il coinvolgimento dei pazienti con un senso di autonomia e autocontrollo. Semplicemente completando le registrazioni di automonitoraggio lontano dalla terapia, chiunque può ottenere un feedback aggiuntivo che può aiutare a rafforzare e consolidare il lavoro completato nelle sessioni.

Con l'automonitoraggio puoi sviluppare una consapevolezza di tutte le tue difficoltà, che può prepararti al cambiamento. Si dice spesso che la consapevolezza sia il passo principale nel processo di cambiamento. Ad esempio, l'automonitoraggio della frequenza complessiva degli scoppi di rabbia può aiutarti a determinare il vero problema. Monitorare il tempo impiegato per completare i rituali compulsivi può aiutare qualcuno con disturbo ossessivo compulsivo a scoprire quanto tempo tende a sprecare ogni giorno. Man mano che le capacità di discriminazione migliorano lentamente, l'automonitoraggio viene riorientato per aiutare i pazienti a comprendere la connessione tra pensieri, sensazioni corporee, situazioni, emozioni e risposte.

Quando praticare l'automonitoraggio?

Generalmente l'automonitoraggio viene insegnato nelle fasi iniziali della terapia, durante la fase di valutazione. Può essere molto utile quando un fenomeno è nascosto e può essere osservato solo dai pazienti stessi. Ad esempio, i malati possono osservare sensazioni corporee o pensieri automatici negativi. Poiché il processo di automonitoraggio è una forma di valutazione oltre ad essere un intervento, la natura e il formato potrebbero cambiare al momento della terapia. L'automonitoraggio potrebbe prestare attenzione alla raccolta di più dati nelle fasi iniziali per aiutare il terapeuta e il paziente a determinare e classificare i problemi. Tutti i tipi di dati potrebbero essere utilizzati per informare la formulazione di un paziente. Ad esempio, il monitoraggio dei fattori ambientali e dei fattori scatenanti può aiutare a identificare le relazioni causali con il problema.

Man mano che viene sviluppato un piano di intervento, si può optare per l'automonitoraggio per tenere traccia dell'implementazione del piano lontano dalla terapia diretta. Inoltre, l'automonitoraggio potrebbe essere utilizzato durante tutta la terapia per misurare l'efficacia del trattamento e se gli obiettivi della terapia sono stati raggiunti.

Obiettivi Comuni di Automonitoraggio

Gli obiettivi dell'automonitoraggio si basano sulla presentazione del paziente. Alcuni dei domini target sono:

- Emozioni: Monitoraggio di tutte quelle situazioni in cui si sperimentano determinate emozioni
- Eventi: Monitoraggio di tutte quelle situazioni in cui un paziente tende a sentirsi in un modo specifico
- Ricordi: monitoraggio della frequenza, dell'occorrenza e del contenuto dei ricordi indesiderati
- Pensieri: monitorare la frequenza, la comparsa e il contenuto dei pensieri negativi
- Attenzione: monitorare tutte quelle situazioni in cui un paziente si concentra sulla minaccia
- Sensazioni corporee: monitoraggio dei fattori scatenanti, della frequenza, dell'insorgenza, delle conseguenze e del contesto delle sensazioni fisiologiche che disturbano il paziente
- Comportamento: monitoraggio di tutti i tipi di comportamenti come comportamenti di sicurezza, autolesionismo, evitamento e pacificazione
- Attività: monitorare la connessione tra padronanza, divertimento e attività

Automonitoraggio e Sue Tipologie

L'automonitoraggio si divide in due tipologie in base allo scopo effettivo a cui tende a servire.

- Protettivo: lo scopo di questo tipo di automonitoraggio è proteggere una persona dalla disapprovazione degli altri. Le persone possono monitorare le reazioni generali e la situazione seguite dall'alterazione dei loro comportamenti in un modo che possa essere approvato. L'obiettivo principale di questo è la prevenzione del rifiuto e dell'imbarazzo da parte degli altri.

- Acquisitivo: l'automonitoraggio di questo tipo acquisisce l'approvazione e l'attenzione degli altri. Include la valutazione delle reazioni degli altri e il cambiamento dei comportamenti in un modo che possa aiutare una persona ad acquisire attenzione, potere, status o adattamento.

Automonitoraggio e Suo Impatto

L'automonitoraggio può influenzare persone diverse in modi diversi. Per tutti coloro che possiedono una personalità estroversa, l'automonitoraggio può aiutare nell'interazione con le altre persone. Inoltre, può aiutare nell'adattamento a vari contesti sociali. Le persone che utilizzano l'automonitoraggio in questo modo sono benvolute. In effetti, possono andare d'accordo con persone diverse. In altri casi, le persone potrebbero optare per l'automonitoraggio per affrontare l'ansia sociale. Poiché si sentono a disagio negli ambienti sociali, tendono a concentrarsi sul modo in cui si comportano gli altri oltre a pensare a come gli altri potrebbero vederli. Una tale ipervigilanza potrebbe rendere difficile per le persone essere se stesse e rilassarsi mentre interagiscono con gli altri. In effetti, potrebbe finire per aumentare l'ansia che una persona prova. Un monitoraggio eccessivo indica che le persone che soffrono di ansia sociale diventano più consapevoli dei propri comportamenti.

L'elevato autocontrollo è ottimo per adattarsi a vari tipi di situazioni e andare d'accordo con le altre persone. In determinati contesti, altri potrebbero vederli come falsi. Tuttavia, è anche un'abilità sociale che può aiutare a promuovere l'armonia interpersonale. Un basso autocontrollo indica che una persona ha meno possibilità di modificare i propri comportamenti per adattarsi. Potrebbe essere considerato antisociale o combattivo in determinati contesti.

Automonitoraggio per modificare il comportamento

Si dice che l'autoconsapevolezza che si sviluppa durante l'automonitoraggio sia un'abilità importante per avviare e mantenere il cambiamento comportamentale. Quando vuoi optare per l'automonitoraggio per modificare il tuo comportamento, puoi fare alcune cose da parte tua per determinare, valutare e misurare i tuoi comportamenti. Per fare ciò, dovrai:

- Determinare un comportamento target: seleziona un comportamento particolare che desideri modificare e monitorare. Esempi comuni di tutte quelle cose che puoi monitorare da solo riguardano comportamenti legati alle abitudini alimentari, all'umore, alla salute, alle attività sociali o all'esercizio fisico.
- Selezionare un modo per registrare i comportamenti: annotare tutti questi comportamenti nella tua mente è un ottimo modo per aumentare la consapevolezza. Tuttavia, anche annotarli su un diario può essere utile. Potrebbe comportare il monitoraggio della durata, della frequenza o dell'intensità su un'applicazione mobile o su un pezzo di carta.
- Programmare dell'impostazione: in alcuni casi è possibile rendere possibile l'automonitoraggio costante. Tuttavia, potrebbe essere utile decidere un programma adeguato in cui effettuare un controllo con te stesso. Puoi annotare le misure per quel periodo.

Man mano che diventi sempre più abile nel misurare i tuoi comportamenti, puoi ridurre lentamente l'uso delle tecniche di automonitoraggio. Una volta apprese, puoi mantenere i comportamenti senza premiare e misurare le tue azioni.

Capitolo 15: Gestire i Pensieri Quando Si presentano

Gestire i tuoi pensieri significa controllare la mente. Forse sei disposto a smettere di pensare a una rottura o vuoi abbracciare una prospettiva piena di speranza. Sappiamo tutti che i pensieri indesiderati possono portare a molta angoscia e frustrazione. Ma non sei il solo a volerli far sparire. È del tutto naturale avere difficoltà a convincersi a continuare a guardare in alto mentre ci si sente abbattuti nei momenti di sfide e stress. Puoi sempre lavorare per avere il controllo sui tuoi pensieri e modificare la tua mentalità. Tieni presente che ci vorrà del tempo e degli sforzi per imparare a riprendere il controllo.

Determinare i Pensieri che Sei Disposto a Cambiare

Avrai senza dubbio bisogno di determinare tutto ciò che è nella tua mente prima di poter iniziare a controllarlo. La maggior parte di noi sperimenta di tanto in tanto battute d'arresto emotive e pensieri scoraggianti. Nel caso in cui incontri determinate sfide nella vita, potresti trovare difficile avere il controllo sui pensieri a spirale o sulla tua mente. Sappiamo già che i pensieri intrusivi occasionali sono normali. Potrebbero rivelarsi piuttosto dolorosi, ma passano anche abbastanza rapidamente. È particolarmente vero quando non provi a interagire con essi. Altri modelli di pensieri preoccupanti includono:

- Dialogo interiore negativo
- Pensieri ripetitivi o rimuginazioni
- Prospettiva pessimistica fissa
- Bias cognitivi

L'identificazione di schemi e pensieri particolari può aiutare a sfruttare al meglio i seguenti suggerimenti.

Accettare I Pensieri Indesiderati

È nella nostra natura stare lontani dal dolore. Quindi è del tutto naturale per te evitare tutti quei pensieri che tendono a causare angoscia. Allontanare i pensieri indesiderati non può essere considerato il modo migliore per riprendere il controllo. Se finisci per farlo, le cose diventeranno più intense. Invece di farlo, prova l'esatto contrario. Accetta i pensieri e permettili. Supponiamo che ti senti giù perché nulla nella vita sta andando come avevi pianificato, indipendentemente da tutto il tuo duro lavoro. L'accettazione potrebbe includere il dire a te stesso: "Non c'è niente che sta andando bene, e questo è abbastanza scoraggiante. C'è solo un numero limitato di cose che chiunque può fare per cambiare sé stesso. Tuttavia, arrendersi non è mai un'opzione".

L'accettazione può anche fornirti indizi sul motivo per cui certi pensieri continuano ad emergere. Forse pensi sempre a un partner che ti ha lasciato. Accettare i pensieri può farti capire che volevi che la connessione durasse. L'atto della scomparsa ti ha lasciato diverse domande oltre ad un senso di indegnità. Pensi di essere un fallimento negli appuntamenti e diventi ansioso all'idea di riprovarci. Riconoscere le paure ti permetterà di affrontarle. Puoi ricordare a te stesso che non sei tu il responsabile delle cattive maniere del tuo partner. Cercare di mantenere la situazione nella giusta prospettiva può aiutare nella gestione delle preoccupazioni.

Alterazione della Prospettiva

Potresti non esserne consapevole, ma il dialogo interiore può effettivamente aiutarti molto a modificare la tua mente. Tuttavia, il modo in cui parli a te stesso è importante. Se ti rivolgi a te stesso in prima persona e non hai alcun impatto, puoi optare per una prospettiva in terza persona. Ad esempio,

- Al posto di: "Mi sento infelice. Tuttavia, ho sperimentato di peggio e posso affrontare anche questo.
- Di': "Sono consapevole che in questo momento ti senti infelice. Tuttavia, hai sempre lavorato duro per affrontare altre difficoltà. Hai il potere di affrontare anche questo problema".

Potrebbe sembrare un po' imbarazzante; tuttavia, questo tipo di rivalutazione cognitiva può offrire vari vantaggi. Riposizionarti come osservatore esterno, può aiutare nella creazione di spazio da emozioni e pensieri intensi. Potrai fare un passo indietro da una mentalità che può solo alimentare l'angoscia. Vedere una situazione da un nuovo punto di vista può aiutarti a vedere il quadro più ampio. Puoi spostare la tua attenzione dagli effetti immediati. Scegliere di esaminare consapevolmente la situazione da una prospettiva in terza persona può aiutare a interrompere i pensieri circolari. Puoi facilmente esplorare tutti i tuoi sentimenti in un modo più produttivo.

Dopo esserti concentrato sull'esperienza particolare che ti riguarda, sostituisci le domande con domande in terza persona. Ad esempio, cambia "Perché mi sento in questo modo" e "Cosa mi ha influenzato per stare in questo modo" in "Perché (il tuo nome) tendo a sentirmi in questo modo?" e "E la situazione che ha scatenato i sentimenti?" Alterare la prospettiva può aiutare a indurre la mente a considerarti come qualcun altro, aiutandoti a mantenere le distanze dalle difficoltà.

Provare la Meditazione

Un modo semplice per abituarsi ad accettare i pensieri indesiderati è la meditazione. Potrebbe sembrare che la meditazione non possa aiutare a controllare la mente, in particolare quando inizi per primo. Ti siedi e ti rilassi, ma nonostante tutto ciò che fai per schiarirti la mente, pensieri casuali continuano a sorgere. Ti distrae dall'essere calmo. Dovrai capire che la meditazione può davvero aiutare a cambiare il cervello, ma devi stare con lei. Man mano che diventi più consapevole, scoprirai che non avrai più bisogno di distogliere la tua attenzione dai pensieri indesiderati.

Concentrarsi sugli Aspetti Positivi

La ristrutturazione positiva è una strategia utile che può aiutarti a riprendere il controllo sulla tua mente. La ristrutturazione non cambierà l'esito di una situazione. Tuttavia, può sicuramente alterare il modo in cui ti senti riguardo alle circostanze. Supponiamo che tu sia caduto dalla bici mentre ti allenavi per una gara scivolando su foglie bagnate. Alla fine ti sei rotto la caviglia. Ti mette fuori uso per settimane, rendendoti irritato e deluso per aver guidato con noncuranza. Ma incolpare te stesso può farti sentire peggio. Tuttavia, l'autocompassione può aiutare ad accettare la delusione e a spostare la tua attenzione nella direzione dell'imminente opportunità. Puoi lodarti per esserti assicurato di indossare sempre il casco, sentirti grato per non aver avuto nulla di serio o dire a te stesso che puoi essere meglio preparato per la prossima gara.

Scrivere le Cose

Cercare di esprimere i tuoi pensieri sotto forma di scrittura potrebbe non cambiare la tua mentalità. Tuttavia, può aiutare a migliorare il controllo su pensieri o sentimenti indesiderati.

L'atto di annotare i pensieri può essere sufficiente per diminuirne l'intensità. Potresti avere paura di sfidare e accettare l'angoscia. Tuttavia, annotare i sentimenti su un pezzo di carta ti consentirà di riconoscerli in modo indiretto. Nel caso in cui desideri creare più lacune dai pensieri sconvolgenti, prova a scrivere i tuoi pensieri sotto forma di racconto.

È stato dimostrato che la scrittura può aiutare nell'espressione di emozioni difficili. Con il tempo, i pensieri indesiderati potrebbero innescare meno paura. Quindi non sentirai lo stesso tipo di angoscia quando si ripresentano. Puoi combinare la tua sessione di meditazione con dieci minuti di journaling. Prova a scrivere di qualsiasi tipo di pensiero, positivo o negativo, che ti viene in mente. L'inserimento nel diario può anche aiutare a determinare modelli di comportamenti o pensieri inutili. Potrebbe darsi che continui a prenderti la colpa dopo aver litigato con il tuo partner. Il risultato è che ti senti male con te stesso mentre sviluppi dubbi sulle tue capacità relazionali. Ma osservare questo schema ti aiuterà a capire che entrambi svolgono un ruolo nel conflitto.

Immagini Guidate

È una tecnica di meditazione in cui visualizzerai scenari pacifici e positivi per la promozione di una mente calma. È stato scoperto che le immagini guidate possono aiutare a promuovere uno stato d'animo positivo e potrebbero anche aiutare ad alleviare l'ansia e lo stress. Quando inizi a sentirti più calmo, puoi divertirti facilmente a mantenere uno stato rilassato. Puoi riacquistare il controllo perduto della tua mentalità e dei tuoi pensieri generali. Puoi iniziare con questa tecnica con l'aiuto di pochi semplici passaggi.

- Inizia mettendoti comodo. Puoi sederti e chiudere gli occhi.

- Ora fai qualche respiro profondo e lento. Dovrai continuare a respirare in questo modo quando svilupperai la tua scena visiva.
- Utilizzando molti dettagli sensoriali, prova a creare una scena rilassante nella tua mente. Puoi pensare a qualcosa che possa portarti pace: una giornata autunnale frondosa e frizzante, il sentiero del tuo parco preferito o qualsiasi altra cosa. Dovrai sviluppare completamente la scena includendo odori, suoni e l'aria che tocca la tua pelle.
- Dovrai immaginarti mentre vaghi nella scena creata, notando ogni dettaglio.
- Mantieni la respirazione lenta, permettendo alla calma della scena di travolgerti e rilassarti.
- Sarebbe fantastico se potessi dedicare dai dieci ai quindici minuti a goderti l'immagine.
- Termina la tecnica con l'aiuto di alcuni respiri profondi e apri gli occhi.

Distrazioni Mirate

Non vorresti distrarti in ogni situazione possibile. Non sarebbe saggio affrontare i tuoi pensieri vaganti mentre il tuo collega si occupa di un cliente e tu giochi sul tuo telefono. Ma in alcuni casi, distrazioni mirate potrebbero aiutarti a reindirizzare i tuoi pensieri. In effetti, può aiutare a migliorare lo stato d'animo. Esistono tipi di distrazioni che possono aumentare anche la produttività e la motivazione. Supponiamo che ti senti giù perché una settimana di maltempo rinvia il tuo programma di trekking. Ti senti infelice perché non puoi fare tutto ciò che avevi pianificato. Quindi, presti attenzione a tutte quelle cose che hai cercato di realizzare. Pulire la tua stanza, finire un libro, sistemare i vecchi vestiti, ecc., può aiutarti a farti sentire di aver sfruttato al massimo il tuo tempo. Può ispirarti a fare ancora di più. Altri tipi di distrazioni positive includono fare una passeggiata, ascoltare musica e trascorrere del tempo con i propri cari.

Lavorare Sulla Gestione Dello Stress

Quando le circostanze fuori controllo tendono ad aggiungere ulteriore stress alla vita, può diventare più difficile regolare lo stato d'animo. L'ansia e lo stress sono abbastanza potenti da alimentare pensieri indesiderati. Potrebbe finire per provocare ulteriori preoccupazioni, dando vita a un ciclo che potrebbe rivelarsi travolgente. Dovrai riprendere il controllo determinando le fonti primarie di stress e optando per modi per ridurre o rimuovere i fattori scatenanti. La maggior parte delle persone non riesce a eliminare completamente i fattori scatenanti dello stress. Spesso lo stress proviene da fonti esterne. Quindi, potrebbe non essere possibile per te controllare tutto ciò che accade intorno a te. È qui che la cura di sé può aiutare. Prenditi del tempo per nutrire il corpo e la mente. Può aiutare a migliorare il tuo benessere. Inoltre, può renderti più facile riprenderti dalle difficoltà della vita con una prospettiva piena di speranza. La cura di sé potrebbe comportare la connessione sociale, il sonno adeguato, il tempo per il relax, la richiesta dell'aiuto necessario e il consumo di cibo nutriente.
Entrare in Contatto con un Professionista

Essere in grado di imparare a controllare la mente potrebbe essere più facile a dirsi che a farsi. I suggerimenti sopra menzionati potrebbero non fare una grande differenza per problemi persistenti di salute mentale, insieme ad ansia, depressione, compulsioni, ossessioni, tristezza o dolore persistenti e pensieri intrusivi. Vale sempre la pena optare per un aiuto professionale per qualsiasi tipo di mentalità che possa influenzare il tuo benessere e le tue relazioni. Un professionista della salute mentale o un terapista può aiutare a identificare i problemi sottostanti. Inoltre, possono aiutare a esplorare possibili soluzioni. La terapia può fornirti lo spazio necessario affinché tu possa praticare un dialogo interiore positivo e lavorare sull'autocompassione. Puoi cercare un terapista che offra CBT, terapia psicodinamica e terapia dell'accettazione e dell'impegno.

Non è necessario essere un sensitivo per controllare la tua mente. Tutto ciò di cui potresti aver bisogno è un po' di pratica con un po' di pazienza. Nel caso in cui continui a vivere momenti difficili nel riprendere il controllo della tua mente, un terapista può fornire l'aiuto necessario.

Capitolo 16: Quando Cercare un Aiuto Professionale

Ansia, stress e sentirsi giù fanno parte della nostra vita quotidiana. Tuttavia, quando le emozioni tendono a persistere a lungo, potrebbe essere indice di qualcosa di più grave. Sebbene ci si possa aspettare di provare sentimenti negativi per tutto ciò che accade nel mondo, è necessario distinguere tra tensione mentale generale e condizioni che potrebbero richiedere un aiuto professionale. Se ti senti paralizzato dallo stress, la depressione interferisce con la tua capacità di funzionare, non riesci a controllare le emozioni o noti sintomi simili in una persona cara, potrebbe essere necessario optare per un aiuto professionale.

Il disagio emotivo può colpire tutti. Alcune persone potrebbero non voler optare per un aiuto a causa del timore che gli altri le vedano rotte o danneggiate. Ma determinare tutto ciò che è sbagliato e cercare cure adeguate può aiutarti a farti sentire meglio. Diamo un'occhiata ad alcuni segnali che possono aiutarti a capire quando optare per un aiuto professionale.

Lo Stress Diventa Troppo Da Sopportare

Lo stress è una delle risposte biologiche più comuni che il tuo cervello percepisce come una minaccia. I neurotrasmettitori nel cervello attivano l'amigdala, che svolge il ruolo di attivare la risposta di lotta o fuga. Lo stress è una parte naturale della vita. Tuttavia, periodi prolungati di stress possono provocare effetti fisici negativi, come un sistema immunitario indebolito. Infatti, una persona che rimane costantemente stressata potrebbe soffrire di mal di testa, dolori muscolari e problemi gastrointestinali. I corpi umani possono facilmente avvisare quando qualcosa non va. È necessario rallentare per ridurre i livelli di stress. Quando lo stress tende a prendere il sopravvento sulla tua vita, può avere senso entrare in contatto con un professionista della salute mentale.

Non Riesci A Sentirti Te Stesso

Ti senti sempre un po' strano. Tali sentimenti potrebbero trasmettersi ad altri ambiti della vita e influenzare il tuo desiderio di fare tutto normalmente. A volte potresti cadere in una routine subito dopo un evento importante della vita, come trasferirti in una nuova città o cambiare lavoro. Va bene avere bisogno di tempo per adattarsi alle nuove impostazioni. Tuttavia, le cose potrebbero essere un po' più serie se non ricordi l'ultima volta che sei stato felice. In questi casi, chiedi l'aiuto di un professionista il più velocemente possibile prima che le cose ti sfuggano di mano.

La Depressione Sembra La Nuova Normalità

La depressione è un altro problema comune di salute mentale che tende ad avere un impatto negativo sulla capacità di funzionare normalmente. Quando si sviluppa la depressione, i neuroni nel cervello non riescono a connettersi correttamente con altri neuroni. Alcuni dei sintomi più comuni della depressione potrebbero includere disturbi del sonno, isolamento sociale, dolore e cambiamenti di peso. Una persona che soffre di depressione potrebbe anche provare sentimenti di colpa, tristezza e perdita di interesse in attività piacevoli. In questo caso, sono disponibili vari tipi di opzioni terapeutiche. Tuttavia, è necessario consultare un professionista per esaminare la condizione.

L'ansia si Rivela Debilitante

L'ansia è più o meno simile allo stress. Questo perché l'ansia è anche la risposta del cervello ad una minaccia percepita. Alcuni dei sintomi più comuni potrebbero includere sensazione di nervosismo, difficoltà di respirazione e aumento della frequenza cardiaca. L'ansia viene generalmente vissuta dopo un evento stressante o teso e si risolve anch'essa con il tempo. Ma un disturbo d'ansia implica una preoccupazione continua anche quando la minaccia non è presente. Quando la tua ansia tende a manifestarsi al punto in cui non puoi più funzionare, è necessario optare per un aiuto.

La Mania Porta A Emozioni Estreme

La mania può essere caratterizzata da alti e bassi emotivi, in cui una persona potrebbe rivelarsi incontrollabile. I sintomi potrebbero includere linguaggio veloce, pensieri frenetici, paranoia e irritabilità. Gli episodi di mania possono indicare chiaramente problemi di salute mentale come il bipolarismo I. Gli sbalzi d'umore potrebbero essere innescati dallo stress. Tuttavia, quando una persona continua a oscillare costantemente tra un livello basso e uno alto, è un segno che deve cercare un aiuto professionale.

Perché Cercare Un Aiuto Professionale?

Ci sono alcuni motivi per cui dovresti optare per un aiuto professionale.

- Puoi ottenere nuove idee riguardo alla gestione dei problemi di salute mentale: quando opti per un aiuto professionale, puoi ottenere ulteriori suggerimenti e approfondimenti sui tuoi problemi di ansia e stress. Un terapista può fornirti diverse idee su come gestire i sintomi. Può essere considerato necessario per riportare la tua vita in carreggiata.

- Puoi migliorare: man mano che lavori con un professionista, puoi migliorare le tue competenze per gestire le tue paure. Puoi facilmente superare le tue ansie con il tempo, il che può sicuramente aiutarti nella tua vita futura. Essere consapevoli di come migliorare la tua salute mentale può renderti più felice.

- Potresti non gestire la tua ansia da solo: le tue ansie, paure e depressione potrebbero rivelarsi difficili da gestire. Avrai sicuramente bisogno di qualche indicazione. Ci sono persone che pensano che sia possibile affrontare da soli i problemi di salute mentale. Ma è un errore enorme. È necessario cercare aiuto per iniziare il processo di recupero.

- Accesso a varie risorse: un professionista conoscerà i modi che possono aiutarti a sbarazzarti dei tuoi problemi. Possono fornirti alcune idee terapeutiche che possono aiutare a migliorare la situazione. Ma l'unico modo per conoscere tali opzioni di trattamento è contattare un professionista.

- Migliora più velocemente: ottenere la guida necessaria da un professionista può salvarti da molte sofferenze a lungo termine. Puoi ottenere tutte le risposte di cui hai bisogno per ridurre i tuoi problemi. Puoi migliorare molto più velocemente. In effetti, puoi conoscere molto di più su te stesso, il che è necessario per il processo di recupero.

- Non sarai solo: mentre cerchi un aiuto professionale, puoi avere persone al tuo fianco per aiutarti a migliorare la condizione dei tuoi problemi di salute mentale. La cosa migliore è che non ti sentirai più solo mentre cerchi di sbarazzarti delle paure. Può renderti le cose più facili e puoi migliorare in breve tempo.

- È la tua vita: tieni presente che sei tu ad affrontare i problemi e non la tua famiglia o i tuoi amici. Quindi, non permettere mai che l'opinione degli altri ti impedisca di ottenere il sollievo che meriti. Prenderti cura delle tue ansie deve essere la tua massima priorità. Dovrai fare ciò che è meglio per te.

Capitolo 17: Suggerimenti Da Tenere A Mente

Essere in grado di prendersi cura dei propri problemi di salute mentale può essere considerato un aspetto essenziale della gestione dell'ansia e dello stress. Ecco alcuni suggerimenti rapidi che possono aiutarti a gestire facilmente tutti i sintomi.

- Respirazione: i respiri profondi e lenti possono essere molto efficaci nel ridurre la frequenza cardiaca e la pressione sanguigna. Puoi optare per la respirazione pranayama. È un metodo yogico in cui respirerai da una narice alla volta per sbarazzarti dello stress e dell'ansia. La tecnica di respirazione può funzionare come l'agopuntura, riequilibrando il corpo e la mente.
- Trovare il sole: quando è una giornata soleggiata, prova a spostarti all'aperto in modo da poter sollevare facilmente il morale. La luce intensa è considerata molto efficace per tutti coloro che soffrono di depressione. In effetti, può aiutare a rallegrare le persone sane.
- Fare una passeggiata veloce: quando tendi a sentirti sopraffatto o non riesci a concentrarti correttamente, prova a fare una passeggiata veloce. Puoi goderti i benefici del tempo da solo, qualche minuto per raccogliere tutti i tuoi pensieri e l'attività fisica.
- Ascoltare la musica: indipendentemente dalla canzone, a volte cantare o ascoltare la tua melodia preferita può aiutare a sistemare le cose. Quando sei in un ambiente sociale, semplicemente ascoltare la musica può essere un ottimo rimedio al cattivo umore. La musica classica è considerata un'ottima scelta prima di andare a letto.

- Concedersi un massaggio alle mani: quando non puoi ricevere un massaggio da un professionista, puoi optare per un massaggio alle mani per un rapido rilassamento che può aiutare a calmare il battito cardiaco. In generale, le mani potrebbero accumulare molta tensione. Usa un po' di lozione e inizia a massaggiare i muscoli sotto il pollice per rilasciare lo stress nel cuoio capelluto, nel collo e nelle spalle.

- Stretching: optare per uno stretching veloce può aiutare ad alleviare la tensione muscolare oltre ad aiutarti a rilassarti dopo una giornata stressante. Scegli un allungamento per l'apertura del torace o l'estensione delle spalle mentre sei seduto alla scrivania.

- Contare all'indietro: quando le tue preoccupazioni tendono a paralizzare i tuoi sensi, conta lentamente fino a dieci e viceversa per calmare la mente. Ti sarà difficile dare di matto per un colloquio di lavoro o un esame imminente quando sarai impegnato a ricordare quale numero viene dopo il sei.

- Chiudendo gli occhi: puoi fare una breve pausa da una casa caotica o da un ufficio frenetico abbassando le palpebre. È uno dei modi migliori per ritrovare concentrazione e calma.

- Rilassamento progressivo: ti senti stressato o ansioso? Basta premere e rilasciare. Il rilassamento progressivo richiederà la tensione dei muscoli di una parte del corpo contemporaneamente per raggiungere uno stato di calma. In effetti, questo metodo può aiutare ad addormentarsi.

- Organizzarsi: potrebbe darsi che il disordine sia la principale fonte di stress o ansia. Prenditi del tempo per organizzare il tuo posto lasciando tutto ciò di cui hai bisogno in primo piano.

- Stare da solo: sai che cinque minuti di tempo da solo possono aiutare ad affrontare l'ansia? Può aiutarti a raccogliere tutti i tuoi pensieri oltre a schiarirti le idee.

- Meditazione: pochi minuti di pace sono tutto ciò di cui ha bisogno per godere dei benefici della meditazione. È stato scoperto che due sessioni di meditazione silenziosa ogni giorno possono aiutare ad affrontare la depressione e lo stress.

- Fare yoga: puoi provare le posizioni yoga per alleviare lo stress e l'ansia. Oltre ad aiutarti a rilassarti, lo yoga può anche fornire al tuo corpo un buon allungamento.

- Gomma da masticare: la gomma da masticare può aiutare a combattere lo stress. Indipendentemente dal sapore, masticare una gomma per qualche minuto può essere utile per ridurre l'ansia e i livelli di cortisolo.

- Creare una zona Zen: trova o crea uno spazio libero da ogni tipo di stress in cui puoi rilassarti. Accendi alcuni bastoncini di incenso o sistema una sedia comoda e rilassati per qualche minuto o finché tutta la tensione non si sarà dissipata.

Conclusione

Hai raggiunto la fine del libro sulla terapia cognitivo comportamentale: come superare l'ansia, la preoccupazione, la paura e la depressione. Speriamo che tu lo abbia trovato ricco di informazioni utili e che fosse in grado di fornire gli strumenti necessari per raggiungere i tuoi obiettivi, qualunque essi siano.

La cosa principale che tende a rendere le fobie, lo stress e l'ansia così persistenti è che qualsiasi cosa tu faccia per sfuggire alla sofferenza si rivolterà contro di te. Scappare o cercare di scappare non è mai la risposta. Dovrai accettare il problema prima di poter iniziare a prendertene cura. Dovrai smettere di mettere benzina sul fuoco. È qui che la CBT viene in aiuto. Con la CBT è possibile determinare i sintomi e optare per la tecnica che può aiutare ad affrontare il problema.

Il modo migliore per affrontare lo stress e l'ansia è determinarne la causa principale. Potrebbe sembrare più facile a dirsi che a farsi. Ma sicuramente con il tempo e la pazienza riuscirai a capirlo. Dovrai evitare di scappare dai problemi e contattare un professionista quando senti che le cose ti stanno sfuggendo di mano. Puoi anche optare per i suggerimenti e i consigli che hai trovato in questo libro per calmarti e calmare la mente.

Infine, se ritieni che questa guida ti sia utile in qualche modo, una piccola recensione su Amazon è sempre ben accetta!